Comment nommez-vous toutes ces Figures?

LE RUDIMENT DES DAMES,

POUR apprendre en trois mois la Langue française et l'Orthographe, par principes raisonnés :

CET ouvrage, qui convient parfaitement aux personnes dont les premières études ont été négligées, est démontré par son auteur,

LE CIT. P. G. GALIMARD,

Professeur de Langue française et de Belles-Lettres ; auteur des Préceptes abrégés de Rhétorique, *et de plusieurs autres ouvrages relatifs à l'éducation.*

CINQUIÈME ÉDITION,

Ornée de figures, augmentée de stances et fables où chaque partie du discours, pour l'explication de laquelle l'exemple est cité, se trouve désignée en caractère italique.

Prix : 1 *franc* 50 *centimes* pour Paris, et 2 *francs* pour les départemens.

A PARIS,

Chez
- L'AUTEUR, rue Montmartre, au coin du passage du Saumon, maison de l'apothicaire ;
- LE NORMANT, Libraire, rue des Prêtres S. Germain-l'Auxerrois, n°. 42 ;
- Et chez MARTINET, lib., rue du Coq S. Honoré, près la Barrière des Sergens.

AN XII.

AVIS.

Le Cit. GALIMARD, auteur de cet ouvrage, le démontre en ville; ainsi que *l'écriture* et *le calcul.*

Il tient aussi un cours chez lui tous les soirs, depuis sept heures jusqu'à dix. On y enseigne *le latin*, *la tenue des livres*, *les changes*, *les élémens de mathématiques* et *le dessin.*

INTRODUCTION.

A LA GRAMMAIRE.

La Grammaire est l'art de parler et d'écrire correctement.

Pour écrire, on se sert de mots : ils sont composés de syllabes, et les syllabes de lettres.

Pour bien écrire, il ne suffit pas de savoir lier les caractères ; il faut encore connaître les lettres qui sont propres à chaque mot du discours : c'est ce que je nomme *Orthographe*.

Elle est considérée comme naturelle ou comme d'usage.

Elle est naturelle, quand on écrit toutes les lettres qui se prononcent.

Elle est d'usage, lorsque dans les mots on écrit quelques syllabes autrement qu'elles ne se prononcent, comme les dernières des mots qui expriment les tems des verbes terminés en *ais* et en *ait* qu'on écrit comme si elles étaient prononcées en *ès* et en *èt*, de sorte qu'on écrit *je lisais*, *tu lisais*, *il lisait* au lieu de *je lisès*, *tu lisès*, *il lisèt*.

Pour écrire correctement, il est nécessaire de connaître:

1°. Ces deux manières d'orthographier, de savoir aussi distinguer en écrivant les neuf espèces de mots qui composent le discours.

2°. *L'unité* et *la pluralité* (1) des noms et des verbes.

3°. Les genres masculin et féminin des noms.

4°. Distinguer dans les verbes les personnes et les tems.

5°. Observer les règles du participe, qu'on trouvera très-détaillées dans cet ouvrage, ce qu'aucun auteur n'a traité assez amplement.

6°. La ponctuation, qui est une partie très-intéressante.

7°. La concordance des tems des verbes.

8°. La décomposition des mots et des phrases, par analyse.

9°. La syntaxe française.

---

(1) *Unité* et *pluralité* remplacent les mots *singulier* et *pluriel*.

LE RUDIMENT DES DAMES.

PRINCIPES GÉNÉRAUX.

POUR parler ou pour écrire on se sert de mots qui sont composés de *syllabes*, et ces syllabes sont composées d'une ou de plusieurs *lettres*.

Des lettres.

Il y a *vingt-cinq* lettres dans l'alphabet, savoir : six *voyelles*, dix-huit *consonnes* et une *aspirée* ou *muette*, c'est l'*h*.

Les voyelles sont *a*, *e*, *i*, *o*, *u*, *y*.

Les consonnes sont *b*, *c*, *d*, *f*, *g*, *j*, *k*, *l*, *m*, *n*, *p*, *q*, *r*, *s*, *t*, *v*, *x*, *z*.

Je reconnais les premières pour *voyelles*, parce que chacune peut former une voix, un son, une syllabe et même un mot sans le secours d'une autre lettre.

Les *consonnes*, au contraire, ne peuvent former aucun son sans la *voyelle*.

Il y a deux sortes de *voyelles*, les *brèves* et les *longues*.

Les voyelles *brèves* sont celles qu'on prononce naturellement.

Les voyelles *longues* sont celles sur lesquelles on appuie plus long-temps que sur les autres, et sur lesquelles il faut, le plus souvent, mettre un signe nommé accent circonflexe (^), au lieu qu'on ne met rien sur les voyelles *brèves*.

Exemples.

Voyelles brèves : *batte*, *petite*, *cotte*, *butte*.
Voyelles longues : *bâtir*, *bête*, *côte*, *suprême*.

De la lettre h.

La lettre *h* est considérée comme *muette* ou *aspirée*.

Elle est *muette*, lorsque dans un mot on ne la prononce pas plus que s'il n'y en avait pas, comme dans l'*homme*, l'*honneur*, l'*humeur* qui se prononcent comme s'il y avait l'*omme*, sans *h*, l'*umeur*, l'*onneur*.

L'*h aspirée*, est ainsi nommée parce qu'elle fait prononcer du gosier la voyelle qui suit, comme dans les mots, *la haine*, *le héros*, *la hauteur*.

*Moyen facile de connaître si, dans un mot, l'*h *est* muette *ou* aspirée.

Toutes les fois qu'avant un mot qui commence par une *h*, on peut mettre *le*, *la*, *ce*, *un*, *une*, l'*h* est *aspirée*. On reconnaît au contraire que l'*h* est *muette* quand on peut remplacer ces petits mots par un signe qu'on nomme apostrophe ; c'est une espèce de virgule (') que l'on met à la place des voyelles, comme dans ces mots l'*homme*, au lieu de *le homme* ; l'*humeur*, au lieu de *la humeur*, etc.

Des Syllabes.

On entend par *syllabes* une ou plusieurs lettres qui forment un son, et qui se prononcent en une seule émission de voix. Ainsi, dans le mot *in-su-bor-di-na-ti-on* il y a sept syllabes, c'est-à-dire, qu'on peut s'arrêter sept fois en le prononçant.

Des Monosyllabes.

On entend par *monosyllabes* des mots qui n'ont qu'une *syllabe*, tels que *grand*, *gros*, *nid*, *rond*, *pour*.

Des sortes d'e.

Il y a cinq *e* que l'on distingue très-facilement par leur prononciation.

Le premier est *muet*; on le nomme ainsi, parce qu'il a un son sourd et obscur, et ne prend aucun accent. On le met le plus souvent à la fin d'un mot (c): *homme*, *monde*, *livre*, *fille*, etc.

Le deuxième est *fermé*; on le nomme *fermé*, parce qu'on le prononce la bouche presque fermée; on met dessus l'accent aigu qui est celui qui va de droite à gauche (é): *témérité*, *régénéré*, *révéré*, etc.

Le troisième se nomme *e ouvert*, parce qu'on le prononce la bouche ouverte; il prend l'accent grave, c'est-à-dire, celui qui va de gauche à droite (è). L'*e ouvert* est le plus souvent suivi d'une *s*: *accès*, *succès*, *près*, *dès*, etc.

Le quatrième est *fort ouvert*, parce qu'on le prononce avec la bouche beaucoup plus ouverte que pour tous les autres; on met dessus l'accent circonflexe, qui est celui que l'on forme des deux autres (ê): *extrême*, *suprême*, *même*, etc.

Le cinquième et dernier *e* est *moyen*: on le nomme *moyen*, parce qu'il participe de l'*e fermé* et de l'*e ouvert*; il ne prend aucun accent, mais il fait doubler la consonne qui suit: *mettre*, *admettre*, *soumettre*, *profession*, *succession*, etc.

De l'y.

L'*y* s'emploie le plus souvent pour remplacer les deux *i* (*ii*), ou l'*ï* tréma dont on se servait autrefois, comme dans ces mots : *moïen*, *raïon* ; on écrit aujourd'hui, *moyen*, *rayon*. L'*y* a le son de l'*i* lors qu'il est entre deux consonnes, *myrte*, *mystère*, *système*, *étymologie*.

Des Diphthongues.

Les *diphthongues* sont plusieurs voyelles qui expriment un double son et se prononcent en une seule syllabe. Les unes sont simples, les autres composées, telles que, *roi*, *liard*, *diable*, *fiole*, *pioche*, *nuisible*, *conduire*, *miauler*, *baiser*, oui, etc.

Des parties du discours.

Il y a neuf sortes de mots qui composent le discours : 1°. L'article, 2°. le nom, 3°. le pronom, 4°. le verbe, 5°. le participe, 6°. l'adverbe, 7°. la préposition, 8°. la conjonction, 9°. l'interjection.

1°. Des articles.

Les *articles* se mettent avant les mots ; ils indiquent si les noms conviennent à plusieurs personnes ou à plusieurs choses ; ils s'accordent avec eux en nombre et en genre.

Il y a deux sortes d'articles ; l'*article défini* et l'*article indéfini*.

L'*article défini* indique clairement la chose : le *tableau*, la *maison*.

L'*article indéfini*, au contraire, ne la fait connaître que d'une manière vague et indéterminée : *voilà* de *beaux fruits*, de *belles pommes*.

Du nombre.

Il y a deux nombres, l'*unité* et la *pluralité*.

L'*unité* convient à une seule personne ou à une seule chose : *un homme, une plume.*

La *pluralité* convient à plusieurs personnes ou à plusieurs choses : *les abricots, des plumes.*

Du genre.

Le *genre* sert à distinguer l'homme de la femme, et généralement tout ce qui est mâle ou femelle, sous le nom de masculin et féminin.

L'on est convenu de donner ces genres à beaucoup de choses inanimées, qui ne sont réellement ni mâles ni femelles, comme *un chapeau, une table*, etc.

Les articles sont,

Du genre masculin et de l'unité :	*Du genre féminin et de l'unité :*
le	la
de du	de la
au	à la
un.	une.

De la pluralité et des deux genres :

les
des
aux.

Article défini masculin de l'unité avant une consonne ou une *h* aspirée.

le livre,	du livre,	au livre.
le héros,	du héros,	au héros.

De l'unité féminin avant une consonne ou une *h* aspirée.

la femme,	de la femme,	à la femme.
la haine,	de la haine,	à la haine.

Unité féminin avant une voyelle ou une *h* muette.

l'occasion,	de l'occasion,	à l'occasion.
l'erreur,	de l'erreur,	à l'erreur.
l'honneur,	de l'honneur,	à l'honneur.
l'hirondelle,	de l'hirondelle,	à l'hirondelle.

Nota. L'apostrophe tient lieu de l'*e* avant le masc. et de l'*a* avant le féminin. (*Voyez la ponctuation.*)

Articles à la plur. devant toutes sortes de noms.

les fripons,	des fripons,	aux fripons.
les étoiles,	des étoiles,	aux étoiles.
les histoires,	des histoires,	aux histoires.

Exemple où les mots en italique sont *articles* :

LE COQ ET LA PERLE.

Un jour *un* coq détourna,
Une perle qu'il donna
Au beau premier lapidaire :
Je la crois fine, dit-il,
Mais *le* moindre grain *de* mil
Ferait bien mieux mon affaire.

Un ignorant hérita
D'*un* manuscrit qu'il porta
Chez son voisin *le* libraire.
Je crois, dit-il, qu'il est bon
Mais *le* moindre ducaton
Ferait bien mieux mon affaire.

Du nom.

Le *nom* sert à désigner une personne ou une chose. Il y a deux sortes de noms.

Le *nom substantif* qui exprime la substance ou la chose. On le reconnaît lorsque l'on peut mettre avant lui *le*, *la*, *un* ou *une*.

Le *nom adjectif* ou *qualificatif*, exprime la qualité de la personne ou de la chose ; on reconnaît qu'un mot est adjectif quand on peut y joindre les mots *personne* ou *chose*, tels que *riche*, *bon*, *grand*.

Les noms substantifs sont encore de trois sortes :

1°. Le nom substantif *commun*, qui convient à plusieurs personnes ou à plusieurs choses : *livre*, *table*, *chaise*, etc.

2°. Le nom substantif *propre*, qui ne convient qu'à une seule personne ou à une seule chose : *Bonaparte*, *Paris*, *la France*.

3°. Le nom substantif *collectif*, qui, malgré qu'il soit de l'unité, présente l'idée de plusieurs personnes ou de plusieurs choses : *peuple*, *famille*, etc.

Dans les noms, il est bien essentiel de considérer le genre et le nombre.

Les noms substantifs forment en général leur pluralité en ajoutant un *s* à la fin.

Exceptions.

Les noms terminés aux unités par *s*, *x*, *z*, n'ajoutent rien à la pluralité. *Le palais*, *la voix*, *le nez*, etc.

Il est des mots qui dérivent de l'hébreu ou du latin, qui s'écrivent à la pluralité comme aux unités.

Opéra, duo, trio, errata, alleluia, quiproquo.

Les noms dont l'*u* final est précédé d'une voyelle, prennent un *x* à la pluralité.

Excepté les mots *bleu*, *chou*, *sou*, *cou*, *clou*, *matou*, et quelques autres qui prennent une *s*.

Les mots dont l'*u* final est précédé d'une consonne, prennent à la pluralité une *s*.

Les noms terminés aux unités en *al* et *ail* font leur pluralité en *aux*.

Excepté les mots suivans, qui prennent une *s* : *épouvantail*, *attirail*, *éventail*, *bercail*, *gou-*

vernail, bétail, mail, camail, poitrail, détail, portail, bal, serail, carnaval, régal, cal, pal, ail fait *aulx, local* fait *locaux.*

Unités.	*Pluralités.*
ciel, *firmament*,	cieux.
ciel *de lit*,	ciels.
œil,	yeux.
aïeul,	aïeux.

Exemple où les mots en italique sont *substantifs*:

LE LION DEVENU VIEUX.

Le *lion*, *terreur* des *forêts*,
Chargé d'*ans* et pleurant son antique *prouesse*,
Fut enfin attaqué par ses propres *sujets*
Devenus forts par sa *foiblesse*.
Le *cheval* s'approchant lui donne un *coup* de *pied*,
Le *loup* un *coup* de *dent*, le *bœuf* un *coup* de *corne*.
Le malheureux *lion*, languissant, triste et morne,
Peut à peine rugir par l'*âge* estropié :
Il attend son *destin* sans faire aucune *plainte*,
Quand voyant l'*âne* même à son *antre* accourir :
Ah ! c'est trop, lui dit-il, je voulois bien mourir,
Mais, c'est mourir deux fois que souffrir ton atteinte !

Adjectifs ou Qualificatifs.

Les noms adjectifs expriment la qualité de la personne ou de la chose; on les reconnaît lorsqu'on peut y joindre les mots *personne* ou *chose*. Ils ont les deux genres et s'accordent toujours avec le substantif en genre et en nombre.

Manière de former le féminin dans les adjectifs.

Quand un adjectif ne finit pas par un *e* muet, on en ajoute un; on forme ainsi le féminin.

Quand il finit par un *e* muet au masculin, il s'écrit de même au féminin.

m. peintre. *f.* femme peintre.

Trois adjectifs seulement prennent trois e au féminin.

m. agréé.	*f.* agréée.
créé.	créée.
suppléé.	suppléée.

Les adjectifs terminés en *al* ajoutent un *e* muet au féminin et ne doublent jamais l'*l*: *fatal, fatale; brutal, brutale.*

Ceux terminés en *el* ajoutent la syllabe *le*.

Ceux terminés en *eil, il, ol, ul, ieu, on, as, es, os, et, ot*, doublent au féminin leur consonne finale, en y ajoutant encore l'*e* muet: *gras, grasse; bon, bonne; gros, grosse*, etc.

Trois adjectifs terminés en *et* ne doublent pas leur consonne finale au féminin.

m. discret.	*f.* discrète.
inquiet.	inquiète.
secret.	secrète.

On compte neuf adjectifs terminés au masculin et aux unités en *il*; ils ne doublent point l'*l* au féminin, ils prennent seulement l'e muet.

sextil	bissextil	civil	e
incivil	puéril	subtil	
viril	volatil	vil	

Les adjectifs suivans masc. font au féminin :

m. frais,	*f.* fraîche.	*m.* exclu,	*f.* exclue.
ras,	rase.	long,	longue.
tiers,	tierce.	malin,	maligne.
absous,	absoute.	bénin,	bénigne.
dissous,	dissoute.		

Les adjectifs terminés en *f*, changent *f* en *ve* au féminin; m. *bref*, f. *breve*; m. *vif*, f. *vive*.

Les adjectifs terminés en *c*, changent *c* en *que* au fém.; m. *Turc*, f. *Turque*. *Excepté* :

m. blanc,	*f.* blanche.
franc,	franche.
sec,	sèche.

Les adjectifs terminés par un *x*, se changent en *se* au féminin :

m. *f.*	*m.* *f.*	*m.* *f.*
pompeux-se,	glorieux-se,	généreux-se.

Excepté :

m. doux,	*f.* douce.
préfix,	préfixe.
faux,	fausse.
roux,	rousse.

Exemple où les mots en italique sont *adjectifs :*

STANCE.

Venez, nations *arrogantes*,
Peuples *vains* et voisins *jaloux*,
Voir les merveilles *éclatantes*
Que sa main opère pour nous.
Que pourront vos ligues *formées*
Contre le bonheur de nos jours,
Quand le bras du dieu des armées
S'armera pour notre secours ?

Les adjectifs en *eur* peuvent être terminés de quatre manières au féminin, *eure*, *rice*, *euse*, et *resse*,

m. inférieur,	*f.* inférieure.
bienfaiteur,	bienfaitrice.
danseur,	danseuse.
vengeur,	vengeresse.

Excepté :

auteur.
amateur. } qui s'écrivent de même pour les deux genres.

nu.
cru. } s'écrivent au féminin { nue.
crue.

Quand l'adjectif *béni* a rapport au culte, il prend un *t* ; dans d'autres cas il n'en prend pas. On dit du pain *bénit*, de l'eau *bénite*.

Des degrés de comparaison.

Quand on compare deux choses, l'on trouve que l'une est *supérieure, inferieure* ou *égale* à l'autre.

Voilà donc trois sortes de comparatifs : 1°. supériorité, 2°. infériorité, 3°. égalité.

Le superlatif est de deux sortes.

1°. absolu, *très, fort, bien* } constant.
2°. relatif, *le plus, le moins* } constamment.

Pour marquer le comparatif de supériorité, on met *plus* avant l'adjectif.

Pour marquer le comparatif d'infériorité on met *moins* avant l'adjectif.

Pour marquer le comparatif d'égalité, on met *aussi* ou *autant* avant l'adjectif.

Trois adjectifs expriment seuls une comparaison : *meilleur*, au lieu de *plus bon ; moindre*, au lieu de *plus petit ; pire*, au lieu de *plus mauvais*.

Des noms numériques.

Les noms numériques sont des adjectifs qui servent à compter; il y en a de deux sortes:

Les nombres { *déterminés.*
{ *ordinaux.*

Les nombres déterminés sont ceux dont on se sert pour désigner plusieurs unités considérées ensemble, tels que *un, deux, trois, mille, dix mille*, etc.

Les nombres ordinaux marquent l'ordre et le rang : *premier, second, dixieme, millième*, etc.

En ajoutant *ième* aux nombres déterminés, l'on forme des nombres ordinaux ; en y ajoutant encore *ment*, on en fait des adverbes.

déterminés,	*ordinaux,*	*adverbes.*
un		
deux	ième	ment.
trois	ième	ment.
quatre	ième	ment, etc.

3°. *Des pronoms.*

Les pronoms sont des mots qui se mettent à la place des noms, pour en éviter la répétition.

Il y a sept sortes de pronoms.

1°. Les pronoms *personnels;* 2°. *possessifs;* 3°. *conjonctifs;* 4°. *démonstratifs;* 5°. *relatifs;* 6°. *interrogatifs* ou *absolus;* 7°. *indéfinis* ou *indéterminés.*

1°. *Pronoms personnels.*

Les pronoms personnels tiennent la place des personnes et sont toujours joints aux verbes.

Unités.

1ere. pers. *je* ou *moi*, celle qui parle;
2e. *tu* ou *toi*, celle à qui l'on parle;
3e. *il* m., *elle* f., celle de qui l'on parle.

Pluralité.

1ere. pers. *nous*, des deux genres;
2e. *vous*, de même;
3e. *ils* m., *elles* f.

On, pourrait être un pronom personnel: *on dit*, c'est comme si l'on disait, *il* ou *elle* dit, ou *quelqu'un dit.*

2°. *Pronoms possessifs.*

Les pronoms possessifs marquent la possession d'une chose.

On en distingue deux sortes, 1°. Le pronom

possessif absolu qui précède toujours le nom substantif auquel il est joint ; 2°. le pronom possessif relatif, qui n'étant pas joint avec son substantif, le suppose énoncé auparavant.

Pronoms possessifs absolus.

Unit. masc.	Unité fém.	Pl. masc. fé.
mon	ma	mes
ton	ta	tes
son	sa	ses
notre	notre	nos
votre	votre	vos
leur	leur	leurs

Pronoms possessifs relatifs.

Unit. masc.	Unité fém.
le mien	la mienne
le tien	la tienne
le sien	la sienne
le nôtre	la nôtre
le vôtre	la vôtre
le leur	la leur

Plur. masc.	Plur. fém.
les miens	les miennes
les tiens	les tiennes
les siens	les siennes
les nôtres	les nôtres
les vôtres	les vôtres
les leurs	les leurs

Notre et *votre*, précédés d'un article, prennent un accent circonflexe ; suivis d'un nom substantif, ils n'en prennent point : le *nôtre*, le *vôtre ; notre* pain, *votre* vin.

Leur, prend une *s* avant un subtantif de la plur., quand il est précédé de l'article de la plur. Avant un verbe il n'en prend jamais : je *leur* donne *leurs* livres.

5°. *Pronoms conjonctifs.*

Les pronoms conjonctifs sont toujours joints aux verbes dont ils reçoivent l'action.

Me battre, *te* battre, *se* battre, *nous* battre, *vous* donner, *lui* donner, *le* recevoir, *la* recevoir, *les* recevoir, *leur* ordonner.

4°. *Pronoms démonstratifs.*

Les pronoms démonstratifs servent à montrer la personne ou l'objet dont on parle.

Unité.		Pluralité.	
masculin,	féminin.	masculin,	féminin.
ce, cet	cette	ces	ces
celui	celle	ceux	celles
celui-ci	celle-ci	ceux-ci	celles-ci
celui-là	celle-là	ceux-là	celles-là
ceci, cela			

On met *ce* devant les noms masculins qui commencent par une consonne, ou une *h* aspirée : *ce* tableau, *ce* héros.

Cet devant un mot qui commence par une voyelle ou une *h* muette : *cet* arbre, *cet* homme; et *cette* devant les noms féminins : *cette* fille.

Pour désigner une personne ou un objet proche, on emploie les pronoms démonstratifs : *celui-ci*, *celle-ci* ; pour une personne ou un objet éloigné, *celui-là*, *celle-là*.

Nota. On confond souvent les pronoms démonstratifs *ce*, *ces*, avec le pronom conjonctif *se*, et le pronom possessif *ses*; voici comment on peut les distinguer : *ce* devant un verbe dont il reçoit l'action, s'écrit par une *s*; il s'écrit par un *c* quand il a pour objet une personne ou une chose.

Ce *musicien* se *trouve dans la vigne du Seigneur.*

Ces, s'écrit par un *c* quand on indique l'objet; on l'écrit avec une *s* quand on indique la possession.

Votre sœur a perdu ses *parens et* ses *biens.*

Ces *hommes-la sont fripons.*

5°. *Pronoms relatifs.*

Les pronoms relatifs ont toujours rapport à un nom ou à un pronom qui précède.

qui	*laquelle*	*dont* ou *de qui*
que	*lesquels*	*quoi*
lequel	*lesquelles*	

Nota. Le *que* relatif diffère du *que* conjonctif, ou interrogatif, en ce que le premier peut se tourner par *lequel*, *laquelle*, *lesquels* ou *lesquelles*.

5°. *Pronoms interrogatifs.*

Les pronoms absolus n'ont de rapport à aucun nom, puisqu'ils se mettent avant le nom.

Qui? que? quoi? quel?

Ces pronoms, suivis d'un point d'interrogation, s'appellent interrogatifs. Ils sont admiratifs lorsque l'on remarque après eux le point qui se désigne ainsi : (!). *Que faites-vous? Qu'il est glorieux de servir sa patrie!*

7°. *Pronoms indéfinis ou indéterminés.*

On nomme ainsi ces pronoms, parce qu'ils expriment indéterminément un objet, masc. ou fém. *quelqu'un*, *chacun*, *autre*, *autrui*, *personne*, *nul*, *quiconque*, *même*, *tel*, *plusieurs*, etc.

Exemple où les mots en italique sont des *pronoms*;

ÉPIGRAMME.

Certain huissier étant à l'audience,
Crioit toujours : paix là, messieurs, paix là;
Tant *qu'*à la fin tombant en défaillance,
Son teint pâlit, et *sa* gorge *s'*enfla;
On court à *lui*, qu'est *ceci*, qu'est *cela*?
Maître Rapin, du secours, *il* expire.
Bref, *on le* saigne; *il* revient, *il* respire.
Lors ouvrant l'œil, clair comme un basilic:
Voilà, messieurs, *se* prit-*il* à *leur* dire,
Ce que l'on gagne à parler au public.

Des verbes.

Le verbe est un mot qui exprime l'action que l'on fait, que l'on a faite ou que l'on fera : *courir, penser, aimer*, etc.

Quand on peut mettre avant un mot un des pronoms personnels, *je, tu, il* ou *elle*, etc. c'est un verbe : *j'aime, tu écoutes, il* ou *elle aime, je cours, tu cours, il* ou *elle court.*

Le sujet du verbe est la personne ou la chose qui fait l'action; le régime est, au contraire, celui qui la reçoit du verbe : *je chante les louanges du seigneur.*

Je est le sujet, *les louanges du seigneur* sont les régimes.

Il y a quatre conjugaisons des verbes.

La 1re. est terminée *à l'infinitif*. en *er, chanter.*
La 2e. en *ir, finir.*
La 3e. en *oir, recevoir.*
La 4e. en *re, craindre.*

Conjuguer un verbe c'est le réciter avec toutes ses différences, qui sont : *les personnes, les nombres, les modes et les tems.*

1°. *Des personnes.*

Les verbes ont trois personnes.

La première qui parle, est précédée de *je* aux unités; de *nous*, à la pluralité.

La deuxième, qui est celle à qui on parle, est précédée de *tu* aux unités; de *vous,* à la plur.

La troisième, qui est celle de qui on parle, est précédée de *il* ou *elle*, aux unités; de *ils* ou *elles*, à la pluralité.

2°. *Des nombres.*

Il y a dans les verbes deux nombres comme

dans les noms : l'*unité*, quand on parle d'une seule personne ; et la *pluralité*, quand on parle de plusieurs.

3°. *Des modes.*

Dans les verbes on exprime l'action de cinq manières différentes, que l'on nomme *modes*.

1°. L'*indicatif ;* quand on affirme que la chose est, qu'elle a été, ou qu'elle sera.

2°. Le *conditionnel ;* lorsqu'on dit qu'une chose serait ou aurait été moyennant une condition.

3°. L'*inpératif ;* lorsque l'on commande, que l'on prie, ou que l'on exhorte à faire une chose.

4°. Le *subjonctif;* quand on souhaite ou qu'on doute qu'une chose se fasse.

5°. L'*infinitif* exprime l'action ou l'état d'une chose en général, sans désignation de nombre, ni de personne, comme *danser*, *parler*.

Nota. Il est quelques verbes dont les infinitifs ont été convertis en noms substantifs, susceptibles de genres et de nombre, avec l'article défini, comme *le dîner*, *le savoir*, *le vouloir*.

4°. *Des tems.*

On nomme tems des verbes, les différentes terminaisons qui font connaître si l'action qu'ils expriment se rapporte ou au tems présent ou au tems passé, ou au tems à venir.

Il y a donc trois tems principaux ou naturels, le *présent*, le *passé* et le *futur*.

Le *présent*, exprime l'action qui se fait :

Je parle, tu chantes, il écoute.

On distingue plusieurs sortes de *passés*, d'abord un *imparfait*, qui exprime une chose faite en même tems qu'une autre, dans un tems déjà passé :

Je dînais comme vous entriez.

Le *passé défini*, une chose faite dans un tems entièrement écoulé :

J'allai l'année dernière à ma campagne.

Le *passé indéfini*, une chose faite dans un tems qui dure encore, ou qui est récemment écoulé :

J'ai reçu ce matin une lettre de ma bien aimée.

Le *passé antérieur*, une chose faite avant une autre, dans un tems dont il ne reste plus de vestiges :

Lorsque j'eus fini, j'allai me promener.

Il y a un *plusque parfait*, qui exprime une chose faite avant une autre :

j'avais dansé lorsque vous étes arrivé.

Le *futur simple* ou *present*, exprime une chose qui se fera :

Je partirai demain pour Rome.

Le *futur composé* ou *passé*, marque que lorsqu'une chose arrivera, une autre chose qui n'est pas encore, sera passée :

J'aurai diné lorsque vous viendrez.

On reconnaît les tems simples ou primitifs des verbes, lorsque l'on n'y rencontre point les verbes auxiliaires, *avoir* ou *être* :

Je donnais, je recevais, je buvais, etc.

Les tems composés, sont au contraire, ceux dans lesquels entrent les verbes auxiliaires :

J'ai donné, j'ai été à l'opéra hier.

Des espèces de verbes.

L'on ne peut guères compter que deux espèces de verbes, *le verbe substantif* et *le verbe adjectif.*

Le *verbe substantif*, marque l'existence ;

Le *verbe adjectif*, la manière d'exister.

En conséquence, *être* est le seul verbe substantif; les autres peuvent être regardés comme verbes *adjectifs*.

Les verbes adjectifs sont de cinq espèces:

1°. *Les verbes actifs ;* 2°. *passifs ;* 3°. *neutres;* 4°. *réfléchis* et *réciproques ;* 5°. *impersonnels.*

1°. Le verbe *actif* marque l'action faite par le sujet; on le reconnaît quand on peut mettre après lui un de ces deux mots : *quelqu'un* ou *quelque chose.*

J'aime et j'admire les beaux esprits.

2°. Le verbe *passif* marque une action reçue ou soufferte par le sujet; on le reconnaît lorsqu'on peut mettre après lui un de ces deux mots : *de* ou *par quelqu'un, de* ou *par quelque chose.*

L'enfant instruit est aimé de tout le monde.
Bonaparte est reconnu par son courage.

3°. le verbe *neutre*, n'exprime pas d'action, ou en exprime une qui ne se fait pas hors du sujet qui agit; il se reconnaît lorsqu'on ne peut mettre après lui *quelqu'un* ou *quelque chose.*

4°. Le verbe *réciproque* a rapport à plusieurs sujets qui agissent les uns sur les autres : *nous nous imaginons; vous vous faites.*

5°. Le verbe *impersonnel* n'a jamais rapport aux personnes et n'a que la troisième personne des unités dans tous ses tems : *il y a, il n'importe, il faut, il faudra*, etc.

Il y a encore deux verbes que l'on nomme *auxiliaires*, parce que les autres en ont besoin pour être conjugués dans tous leurs tems composés, tant à l'actif qu'au passif:

Avoir et *être.*

TABLEAU DES VERBES.

VERBE AUXILIAIRE
AVOIR.

MODE. TEMS.

INDICATIF PRÉSENT.

Nombres et Personnes.

Unités. J'ai, tu as, il *ou* elle a.
Pluralité. Nous avons, vous avez, il *ou* elles ont.

IMPARFAIT.

Unités. J'avais, tu avais, il *ou* elle avait
Plural. Nous avions, vous aviez, ils *ou* elles avaient.

PASSÉ DÉFINI.

Unités. J'eus, tu eus, il *ou* elle eut.
Plural. Nous eûmes, vous eûtes, ils *ou* elles eurent.

PASSÉ INDÉFINI.

Unités. J'ai eu, tu as eu, il *ou* elle a eu.
Plural. Nous avons eu, vous avez eu, ils *ou* elles ont eu.

PASSÉ ANTÉRIEUR.

Unités. J'eus eu, tu eus eu, il *ou* elle eut eu.
Plural. Nous eûmes eu, vous eûtes eu, ils *ou* elles eurent eu.

PLUSQUEPARFAIT.

Unités. J'avais eu, tu avais eu, il *ou* elle avait eu.
Plural. Nous avions eu, vous aviez eu, ils *ou* elles avaient eu.

FUTUR

FUTUR SIMPLE *ou* PRÉSENT.

Unités. *Quand* j'aurai, tu auras, il *ou* elle aura.

Plural. *Quand* nous aurons, vous aurez, ils *ou* elles auront.

FUTUR COMPOSÉ *ou* PASSÉ.

Unités. *Quand* j'aurai eu, tu auras eu, il *ou* elle aura eu.

Plural. *Quand* nous aurons eu, vous aurez eu, ils *ou* elles auront eu.

CONDITIONNEL SIMPLE *ou* PRÉSENT.

Unités. J'aurais, tu aurais, il *ou* elle aurait.

Plural. Nous aurions, vous auriez, ils *ou* elles auraient.

CONDITIONNEL COMPOSÉ *ou* PASSÉ.

Unités. J'aurais *ou* j'eusse eu, tu aurais *ou* tu eusses eu, il aurait *ou* il eût eu.

Plural. Nous aurions *ou* nous eussions eu, vous auriez *ou* vous eussiez eu, ils auraient *ou* ils eussent eu.

MODE.

IMPÉRATIF.

Point de première personne aux unités.

Unités. Aie, qu'il *ou* qu'elle ait.

Plural. Ayons, ayez, qu'ils *ou* qu'elles aient.

MODE. TEMS.

SUBJONCTIF PRÉSENT.

Unités. *Il faut, il faudra* que j'aie, que tu aies, qu'il *ou* qu'elle ait.

Plural. *Il faut, il faudra* que nous ayons, que vous ayez, qu'ils *ou* qu'elles aient.

IMPARFAIT.

Unités. *Il fallait, il faudrait* que j'eusse, que tu eusses, qu'il *ou* qu'elle eût.

Plural. *Il fallait, il faudrait* que nous eussions que vous eussiez, qu'ils *ou* qu'elles eussent.

PASSÉ

Unités. *Il a fallu, il aura fallu* que j'aie eu, que tu aies eu, qu'il *ou* qu'elle ait eu.

Plural. *Il a fallu, il aura fallu* que nous ayons eu, que vous ayez eu, qu'ils *ou* qu'elles aient eu.

PLUS QUE PARFAIT.

Unités. *Il aurait* ou *il eût fallu* que j'eusse eu, que tu eusses eu, qu'il *ou* qu'elle eût eu.

Plural. *Il aurait* ou *il eût fallu* que nous eussions eu, que vous eusssiez eu, qu'ils *ou* qu'elles eussent eu.

MODE. TEMS.

INFINITIF PRÉSENT.

Avoir.

PASSÉ.

Avoir eu.

PARTICIPE ACTIF.

Ayant.

PASSÉ.

Ayant eu.

PARTICIPE PASSÉ.

Eu, eue.

GÉRONDIF.

En ayant.

VERBE AUXILIAIRE
ETRE.

MODE. TEMS.

INDICATIF PRÉSENT.

Nombres et personnes.

Unités. Je suis, tu es, il *ou* elle est.
Plural. Nous sommes, vous êtes, ils *ou* elles sont.

IMPARFAIT.

Unités. J'étais, tu étais, il *ou* elle était.
Plural. Nous étions, vous étiez, ils *ou* elles étaient.

PASSÉ DÉFINI.

Unités. Je fus, tu fus, il *ou* elle fut.
Plural. Nous fûmes, vous fûtes, ils *ou* elles furent.

PASSÉ INDÉFINI.

Unités. J'ai été, tu as été, il *ou* elle a été.
Plural. Nous avons été, vous avez été, ils *ou* elles ont été.

PASSÉ ANTÉRIEUR.

Unités. J'eus été, tu eus été, il *ou* elle eut été.
Plural. Nous eûmes été, vous eûtes été, ils *ou* elles eurent été.

PLUS QUE PARFAIT.

Unités. J'avais été, tu avais été, il *ou* elle avait été.
Plural. Nous avions été, vous aviez été, il *ou* elles avaient été.

FUTUR SIMPLE *ou* PRÉSENT.

Unités. *Quand* je serai, tu seras, il *ou* elle sera.
Plural. *Quand* nous serons, vous serez, ils *ou* elles seront.

FUTUR COMPOSÉ *ou* PASSÉ.

Unités. *Quand* j'aurai été, tu auras été, il *ou* elle aura été.
Plural. *Quand* nous aurons été, vous aurez été, ils *ou* elles auront été.

CONDITIONNEL SIMPLE *ou* PRÉSENT.

Unités. Je serais, tu serais, il *ou* elle serait.
Plural. Nous serions, vous seriez, ils *ou* elles seraient.

CONDITIONNEL COMPOSÉ *ou* PASSÉ

Unités. J'aurais *ou* j'eusse été, tu aurais *ou* tu eusses été, il aurait *ou* il eût été.
Plural. Nous aurions *ou* nous eussions été, vous aviez *ou* vous eussiez été, ils auraient *ou* ils eussent été.

MODE.

IMPÉRATIF.

Point de première personne aux unités.

Unités. Sois, qu'il *ou* qu'elle soit.
Plural. Soyons, soyez, qu'ils *ou* qu'elles soient.

MODE. TEMS.

SUBJONCTIF PRÉSENT.

Unités. *Il faut, il faudra* que je sois, que tu sois, qu'il *ou* qu'elle soit.
Plural. *Il faut, il faudra* que nous soyons, que vous soyez, qu'ils *ou* qu'elles soient.

IMPARFAIT.

Unités. *Il fallait, il faudrait* que je fusse, que tu fusses, qu'il *ou* qu'elle fût.

Plural. *Il fallait, il faudrait* que nous fussion, que vous fussiez, qu'ils *ou* qu'elles fussent.

PASSÉ.

Unités. *Il a fallu, il aura fallu* que j'aie été, que tu aies été, qu'il *ou* qu'elle ait été.

Plural. *Il a fallu, il aura fallu* que nous ayons été, que vous ayez été, qu'ils *ou* qu'elles aient été.

PLUS QUE PARFAIT.

Unités. *Il aurait fallu* ou *il eût fallu* que j'eusse été, que tu eusses été, qu'il *ou* qu'elle eût été.

Plural. *Il aurait fallu* ou *il eût fallu* que nous eussions été, que vous eussiez été, qu'ils, *ou* qu'elles eussent été.

MODE. TEMS.

INFINITIF PRÉSENT.

Être.

PASSÉ.

Avoir été.

PARTICIPE ACTIF PRÉSENT.

Étant.

PASSÉ.

Ayant été.

PARTICIPE PASSÉ.

Été.

GÉRONDIF.

En étant.

Il y a beaucoup d'autres verbes ; mais il en existe quatre principaux, sur lesquels on conjugue tous les autres.

La première conjugaison a son infinitif terminé en *er*, comme *chanter*.

La deuxième en *ir*, comme *finir*.

La troisième en *oir*, comme *recevoir*.

La quatrième en *re*, comme *craindre*.

Ire., IIe., IIIe. et IVe. CONJUGAISONS.

MODE. TEMS.

INDICATIF PRÉSENT.

Nombres et Personnes.

Unités. Je chante, je finis, je reçois, je crains.

Tu chantes, tu finis, tu reçois, tu crains.

Plural. Il *ou* elle chante, il finit, il reçoit, il craint.

Nous chantons, nous finissons, nous recevons, nous craignons.

Vous chantez, vous finissez, vous recevez, vous craignez.

Ils *ou* elles chantent, ils finissent, ils reçoivent, ils craignent.

IMPARFAIT.

Unités. Je chantais, je finissais, je recevais, je craignais.

Tu chantais, tu finissais, tu recevais, tu craignais.

Il *ou* elle chantait, il finissait, il recevait, il craignait.

Plural. Nous chantions, nous finissions, nous recevions, nous craignions.

Vous chantiez, vous finissiez, vous receviez, vous craigniez.

Ils *ou* elles chantaient, ils finissaient, ils recevaient, ils craignaient.

PASSÉ DÉFINI.

Unités. Je chantai, je finis, je reçus, je craignis.

Tu chantas, tu finis, tu reçus, tu craignis.

Il *ou* elle chanta, il finit, il reçut, il craignit.

Plural. Nous chantâmes, nous finîmes, nous reçûmes, nous craignîmes.

Vous chantâtes, vous finîtes, vous reçûtes, vous craignîtes.

Ils *ou* elles chantèrent, ils finirent, ils reçurent, ils craignirent.

PASSÉ INDÉFINI.

Unités. J'ai chanté, j'ai fini, j'ai reçu, j'ai craint.

Tu as chanté, tu as fini, tu as reçu, tu as craint.

Il *ou* elle a chanté, il a fini, il a reçu, il a craint.

Plural. Nous avons chanté, nous avons fini, nous avons reçu, nous avons craint.

Vous avez chanté, vous avez fini, vous avez reçu, vous avez craint.

Ils *ou* elles ont chanté, ils ont fini, ils ont reçu, ils ont craint.

PASSÉ ANTÉRIEUR.

Unités. J'eus chanté, j'eus fini, j'eus reçu, j'eus craint.

Tu eus chanté, tu eus fini, tu eus reçu, tu eus craint.

Il *ou* elle eut chanté, il eut fini, il eut reçu, il eut craint.

Plural. Nous eûmes chanté, nous eûmes fini, nous eûmes reçu, nous eûmes craint.

Vous eûtes chanté, vous eûtes fini, vous eûtes reçu, vous eûtes craint.

Ils *ou* elles eurent chanté, ils eurent fini, ils eurent reçu, ils eurent craint.

PLUSQUEPARFAIT.

Unités. J'avais chanté, j'avais fini, j'avais reçu, j'avais craint.

Tu avais chanté, tu avais fini, tu avais reçu, tu avais craint.

Il *ou* elle avait chanté, il avait fini, il avait reçu, il avait craint.

Plural. Nous avions chanté, nous avions fini, nous avions reçu, nous avions craint.

Vous aviez chanté, vous aviez fini, vous aviez reçu, vous aviez craint.

Ils *ou* elles avaient chanté, ils avaient fini, ils avaient reçu, ils avaient craint.

FUTUR SIMPLE.

Unités. *Quand* je chanterai, je finirai, je recevrai, je craindrai.

Tu chanteras, tu finiras, tu recevras, tu craindras.

Il *ou* elle chantera, il finira, il recevra, il craindra.

Plural. *Quand* nous chanterons, nous finirons, nous recevrons, nous craindrons.
Vous chanterez, vous finirez, vous recevrez, vous craindrez.
Ils *ou* elles chanteront, ils finiront, ils recevront, ils craindront.

FUTUR COMPOSÉ.

Unités. *Quand* j'aurai chanté, j'aurai fini, j'aurai reçu, j'aurai craint.
Tu auras chanté, tu auras fini, tu auras reçu, tu auras craint.
Il *ou* elle aura chanté, il aura fini, il aura reçu, il aura craint.

Plural. *Quand* nous aurons chanté, nous aurons fini, nous aurons reçu, nous aurons craint.
Vous aurez chanté, vous aurez fini, vous aurez reçu, vous aurez craint.
Ils *ou* elles auront chanté, ils auront fini, ils auront reçu, ils auront craint.

CONDITIONNEL SIMPLE.

Unités. Je chanterais, je finirais, je recevrais, je craindrais....., si
Tu chanterais, tu finirais, tu recevrais, tu craindrais.
Il *ou* elle chanterait, il finirait, il recevrait, il craindrait.

Plural. Nous chanterions, nous finirions, nous recevrions, nous craindrions.
Vous chanteriez, vous finiriez, vous recevriez, vous craindriez.
Ils *ou* elles chanteraient, ils finiraient, ils recevraient, ils craindraient.

CONDITIONNEL COMPOSÉ.

Unités. J'aurais ou j'eusse chanté, j'aurais fini, j'aurais reçu, j'aurais craint..., si ..

Tu aurais chanté, tu aurais fini, tu aurais reçu, tu aurais craint.
Il *ou* elle aurait chanté, il aurait fini, il aurait reçu, il aurait craint.

Plural. Nous aurions *ou* nous eussions chanté, nous aurions fini, nous aurions reçu, nous aurions craint.
Vous auriez chanté, vous auriez fini, vous auriez reçu, vous auriez craint.
Ils *ou* elles auraient chanté, ils auraient fini, ils auraient reçu, ils auraient craint.

MODE.

IMPÉRATIF.

Point de première personne.

Unités. Chante, finis, reçois, crains.
Qu'il *ou* qu'elle chante, qu'il finisse, qu'il reçoive, qu'il craigne.

Plural. Chantons, finissons, recevons, craignons.
Chantez, finissez, recevez, craignez.
Qu'ils *ou* qu'elles chantent, qu'ils finissent, qu'ils reçoivent, qu'ils craignent.

MODE. TEMS.

SUBJONCTIF PRÉSENT.

Unités. *Il faut* que je chante, que je finisse, que je reçoive, que je craigne.
Que tu chantes, que tu finisses, que tu reçoives, que tu craignes.
Qu'il *ou* qu'elle chante, qu'il finisse, qu'il reçoive, qu'il craigne.

Plural. *Il faut* que nous chantions, que nous finissions, que nous recevions, que nous craignions.

Que vous chantiez, que vous finissiez, que vous receviez, que vous craigniez.

Qu'ils *ou* qu'elles chantent, qu'ils finissent, qu'ils reçoivent, qu'ils craignent.

IMPARFAIT.

Unités. *Il fallait* que je chantasse, que je finisse, que je reçusse, que je craignisse.

Que tu chantasses, que tu finisses, que tu reçusses, que tu craignisses.

Qu'il chantât, qu'il finît, qu'il reçût, qu'il craignît.

Plural. *Il fallait* que nous chantassions, que nous finissions, que nous reçussions, que nous craignissions.

Que vous chantassiez, que vous finissiez, que vous reçussiez, que vous craignissiez.

Qu'ils *ou* qu'elles chantassent, qu'ils finissent, qu'ils reçussent, qu'ils craignissent.

PASSÉ.

Unités. *Il a fallu* que j'aie chanté, que j'aie fini, que j'aie reçu, que j'aie craint.

Que tu aies chanté, que tu aies fini, que tu aies reçu, que tu aies craint.

Qu'il ait chanté, qu'il ait fini, qu'il ait reçu, qu'il ait craint.

Plural. *Il a fallu* que nous ayons chanté, que nous ayons fini, que nous ayons reçu, que nous ayons craint.

Que vous ayez chanté, que vous ayez fini, que vous ayez reçu, que vous ayez craint.

Qu'ils *ou* qu'elles aient chanté, qu'ils aient fini, qu'ils aient reçu, qu'ils aient craint.

PLUS QUE PARFAIT.

Unités. *Il aurait fallu* que j'eusse chanté, que j'eusse fini, que j'eusse reçu, que j'eusse craint.

Que tu eusses chanté, que tu eusses fini, que tu eusses reçu, que tu eusses craint.

Qu'il *ou* qu'elle eût chanté, qu'elle eût fini, qu'elle eût reçu, qu'elle eût craint.

Plural. *Il aurait fallu* que nous eussions chanté, que nous eussions fini, que nous eussions reçu, que nous eusssions craint.

Que vous eussiez chanté, que vous eussiez fini, que vous eussiez reçu, que vous eussiez craint.

Qu'ils *ou* qu'elles eussent chanté, qu'ils eussent fini, qu'ils eussent reçu, qu'ils eussent craint.

MODE. TEMS.

INFINITIF PRÉSENT.

Chanter, finir, recevoir, craindre.

PASSÉ.

Avoir chanté, fini, reçu, craint.

PARTICIPE ACTIF.

Chantant, finissant, recevant, craignant.

PASSÉ.

Ayant chanté, fini, reçu, craint.

PARTICIPE PASSÉ.

Chanté, fini, reçu, craint.
Chantée, finie, reçue, crainte.

GÉRONDIF.

En chantant, finissant, recevant, craignant.

Ainsi se conjuguent, *respecter, chérir, vouloir, rendre*, etc.

VERBE PASSIF.

Conjugué par toutes les premières personnes de chaque tems.

Le verbe passif est celui qui reçoit l'action; on le conjugue avec tous les tems de l'auxiliaire *être* et le participe passé (1); c'est ce qui me détermine à ne donner ici que les premières personnes de chaque tems.

Le verbe actif, au contraire, est celui qui fait l'action. Tous ces tems composés sont formés de l'auxiliaire *avoir* et du participe passé du verbe que l'on conjugue.

INDICATIF PRÉSENT.

Unités. Je suis estimé *ou* estimée.
Plural. Nous sommes estimés *ou* estimées.

IMPARFAIT.

Unités. J'étais estimé *ou* estimée.
Plural. Nous étions éstimés *ou* estimées.

---

(1) Voyez les participes.

PASSÉ DÉFINI.

Unités. Je fus estimé *ou* estimée.
Plural. Nous fûmes estimés *ou* estimées.

PASSÉ INDÉFINI.

Unités. J'ai été estimé *ou* estimée.
Plural. Nous avons été estimés *ou* estimées.

PASSÉ ANTÉRIEUR.

Unités. J'eus été estimé *ou* estimée.
Plural. Nous eûmes été estimés *ou* estimées.

PLUSQUEPARFAIT.

Unités. J'avais été estimé *ou* estimée.
Plural. Nous avions été estimés *ou* estimées.

FUTUR SIMPLE.

Unités. *Quand* je serai estimé *ou* estimée.
Plural. *Quand* nous serons estimés *ou* estimées.

FUTUR COMPOSÉ.

Unités. *Quand* j'aurai été estimé *ou* estimée.
Plural. *Quand* nous aurons été estimés *ou* estimées.

CONDITIONNEL SIMPLE.

Unités. Je serais estimé *ou* estimée....., si
Plural. Nous sérions estimés *ou* estimées..., si

CONDITIONNEL COMPOSÉ.

Unités. J'aurais ou j'eusse été estimé *ou* estimée...., si
Plural. Nous aurions *ou* nous eussions été estimés *ou* estimées......, si

IMPÉRATIF.

Point de première personne aux unités.

Plural. Soyons estimés *ou* estimées.

SUBJONTIF PRÉSENT.

Unités. *Il faut* que je sois estimé *ou* estimée.
Plural. *Il faut* que nous soyons estimés *ou* estimées.

IMPARFAIT.

Unités. *Il fallait* que je fusse estimé *ou* estimée.
Plural. *Il fallait* que nous fussions estimés *ou* estimées.

PASSÉ.

Unités. *Il a fallu* que j'aie été estimé *ou* estimée.
Plural. *Il a fallu* que nous ayons été estimés *ou* estimées.

PLUS QUE PARFAIT.

Unités. *Il aurait fallu* que j'eusse été estimé ou estimée.
Plural. *Il aurait fallu* que nous eussions été estimés *ou* estimées.

INFINITIF PRÉSENT.

Etre estimé *ou* estimée.

PASSÉ.

Avoir été estimé *ou* estimée.

PARTICIPE PASSÉ.

Etant estimé *ou* estimée.

PASSÉ.

Ayant été estimé *ou* estimée..,s

GÉRONDIF.

En étant estimé *ou* estimée..,s

VERBE NEUTRE,

Conjugué par la première personne des unités de chaque tems.

Le verbe *neutre* est celui qui n'est ni actif ni passif ; c'est pourquoi on le nomme *neutre*, c'est-à-dire, qu'il ne fait ni reçoit aucune action.

INDICATIF PRÉSENT.

Je tombe.

IMPARFAIT.

Je tombais.

PASSÉ DÉFINI.

Je tombai.

PASSÉ INDÉFINI.

Je suis tombé ou tombée.

PASSÉ ANTÉRIEUR.

Quand je fus tombé ou tombée.

PLUS QUE PARFAIT.

J'étais tombé ou tombée.

FUTUR SIMPLE.

Quand je tomberai.

FUTUR COMPOSÉ.

Quand je serai tombé ou tombée.

CONDITIONNEL SIMPLE.

Je tomberais...., si

CONDITIONNEL COMPOSÉ.

Je serais *ou* je fusse tombé ou tombée..., si

IMPÉRATIF.

Tombe.

SUBJONCTIF PRÉSENT.

Il faut que je tombe.

IMPARFAIT.

Il fallait que je tombasse.

PASSÉ.

Il a fallu que je sois tombé ou tombée.

PLUS QUE PARFAIT.

Il aurait fallu que je fusse tombé ou tombée.

INFINITIF PRÉSENT.

Tomber.

PASSÉ.

Etre tombé.

PARTICIPE ACTIF.

Tombant.

PASSÉ.

Etant tombé.

GÉRONDIF.

En tombant.

Nota. On ajoute une *s* à la pluralité.

VERBE RÉFLÉCHI,

Conjugué avec les premières personnes de chaque tems.

On entend par verbe *réfléchi*, celui dont les deux pronoms représentent la même personne.

INDICATIF PRÉSENT.

Unités. Je me repens.
Plural. Nous nous repentons.

IMPARFAIT.

Unités. Je me repentais.
Plural. Nous nous repentions.

PASSÉ DÉFINI.

Unités. Je me repentis.
Plural. Nous nous repentîmes.

PASSÉ INDÉFINI.

Unités. Je me suis repenti.
Plural. Nous nous sommes repentis.

PASSÉ ANTÉRIEUR.

Unités. Je me fus repenti.
Plural. Nous nous fûmes repentis.

PLUSQUE PARFAIT.

Unités. Je m'étais repenti.
Plural. Nous nous étions repentis.

FUTUR SIMPLE.

Unités. *Quand* je me repentirai.
Plural. *Quand* nous nous repentirons.

FUTUR COMPOSÉ.

Unités. *Quand* je me serai repenti.
Plural. *Quand* nous nous serons repentis.

CONDITIONNEL SIMPLE.

Unités. Je me repentirais......., si
Plural. Nous nous repentirions....., si

CONDITIONNEL COMPOSÉ.

Unites. Je me serais ou je me fusse repenti..,si
Plural. Nous nous serions *ou* nous nous fussions repentis....... ,si

IMPÉRATIF.

Unités. Repens-toi.
Plural. Repentons-nous.

SUBJONCTIF PRÉSENT.

Unités. *Il faut* que je me repente.
Plural. *Il faut* que nous nous repentions.

IMPARFAIT.

Unités. *Il fallait* que je me repentisse.
Plural. *Il fallait* que nous nous repentissions.

PASSÉ.

Unités. *Il a fallu* que je me sois repenti.
Plural. *Il a fallu* que nous nous soyons repentis.

PLUS QUE PARFAIT.

Unités. *Il aurait fallu* que je me fusse repenti.
Plural. *Il aurait fallu* que nous nous fussions repentis.

INFINITIF PRÉSENT.

Se repentir.

PASSÉ.

S'être repenti.

PARTICIPE ACTIF.

Se repentant.

PASSÉ.

S'étant repenti.

PARTICIPE PASSÉ.

Repenti, repentie.

GÉRONDIF.

En se repentant.

OBSERVATIONS.

Il est bon de remarquer que le féminin prend une *e* de plus, comme on le voit au participe passé.

Ainsi se conjuguent *se flatter*, *se réjouir*, *se pourvoir*, *se défendre*, etc.

Remarque. Me, te, se, nous vous, qui sont les régimes des verbes réfléchis, sont quelquefois régimes *directs;* comme dans *je me flatte,* c'est-à-dire, *je flatte* moi; et quelquefois régime *indirect,* comme dans cet exemple : *je* me *fais une loi,* c'est-à-dire, *je fais* à moi *une loi.*

VERBE IMPERSONNEL.

On entend par verbe *impersonnel*, celui qui n'a et ne peut avoir que la troisième personne des unités dans tous les tems.

On peut former un verbe *impersonnel*, en employant le pronom relatif *on*, parce que ce pronom représente toujours la troisième personne des unités.

INDICATIF PRÉSENT.

Unités. Il faut, on dit, on rapporte.

IMPARFAIT.

Unités. Il fallait, on disait, on rapportait.

PASSÉ DÉFINI.

Unités. Il fallut, on dit, on rapporta.

PASSÉ INDÉFINI.

Unités. Il a fallu, on a dit, on a rapporté.

PASSÉ ANTÉRIEUR.

Unités. Il eut fallu, on eut dit, on eut rapporté.

PLUS QUE PARFAIT.

Unités. Il avait fallu, on avait dit, on avait rapporté.

FUTUR SIMPLE.

Unités. *Quand* il faudra, on dira, on rapportera.

FUTUR COMPOSÉ.

Unités. *Quand* il aura fallu, on aura dit, on aura rapporté.

CONDITIONNEL SIMPLE.

Unités. Il faudrait, on dirait, on rapporterait....., si

CONDITIONNEL COMPOSÉ.

Unités. Il aurait *ou* il eût fallu, on aurait *ou* on eût dit, on aurait *ou* on eût rapporté...., si

IMPÉRATIF.

Unités. Qu'on dise, qu'on rapporte.

SUBJONCTIF PRÉSENT.

Unités. Qu'il faille, qu'on dise, qu'on rapporte.

IMPARFAIT.

Unités. Qu'il fallût, qu'on dît, qu'on rapportât.

PASSÉ.

Unités. Qu'il ait fallu, qu'on ait dit, qu'on ait rapporté.

PLUS QUE PARFAIT.

Unités. Qu'il eût fallu qu'on eût dit, qu'on eût rapporté.

REMARQUE.

Le mot *il* ne marque un verbe impersonnel que lorsqu'on ne peut pas mettre un nom à sa place; ainsi, si en parlant d'un *écolier* on dit : *il étudie*, ou *il s'amuse*, ce ne sont plus des impersonnels parce qu'à la place du mot *il*, on peut dire l'*écolier étudie*, l'*écolier s'amuse*.

Exemple où les mots en italique sont *verbes*.

Imprécation de Camille contre Rome, tragédie des HORACES.

Rome, l'unique objet de mon ressentiment!
Rome, à qui *vient* ton bras d'*immoler* mon amant!
Rome qui t'*a vu naître* et que ton cœur *adore!*
Rome enfin que je *hais*, parce qu'elle t'*honore!*
Puissent tous ses voisins ensemble conjurés
Saper ses fondemens encor mal assurés;
Et si ce n'*est* assez de toute l'Italie,
Que l'Orient contre elle à l'Occident *s'allie;*
Que cent peuples unis des bouts de l'univers
Passent pour la *détruire* et les monts et les mers;
Qu'elle-même sur soi *renverse* ses murailles,
Et de ses propres mains *déchire* ses entrailles;
Que le courroux du ciel allumé par mes vœux
Fasse pleuvoir sur elle un déluge de feu.
Puissai-je de mes yeux y *voir tomber* la foudre,
Voir ses maisons en cendre et tes lauriers en poudre;
Voir le dernier romain à son dernier soupir,
Moi seule en *être* cause et *mourir* de plaisir!

TEMS PRIMITIFS.

On nomme *tems primitifs* d'un verbe, ceux qui servent à former les autres tems dans les quatre conjugaisons.

TABLEAU DES TEMS PRIMITIFS.

	PRÉSENT de l'infinitif.	PARTICIPE présent.	PARTICIPE passé.	PRÉSENT de l'indicatif.	PASSÉ de l'indicatif.
PREMIÈRE Conjugaison.	Ecouter	Ecoutant	Ecouté	J'écoute	J'écoutai
	Aimer	Aimant	Aimé	J'aime	J'aimai
	Respecter	Respectant	Respecté	Je respecte	Je respectai
SECONDE Conjugaison.	Finir	Finissant	Fini	Je finis	Je finis
	Sentir	Sentant	Senti	Je sens	Je sentis
	Ouvrir	Ouvrant	Ouvert	J'ouvre	J'ouvris
	Tenir	Tenant	Tenu	Je tiens	Je tins
TROISIÈME Conjugaison.	Vouloir	Voulant	Voulu	Je veux	Je voulus
	Recevoir	Recevant	Reçu	Je reçois	Je reçus
	Concevoir	Concevant	Conçu	Je conçois	Je conçus
QUATRIÈME Conjugaison.	Rendre	Rendant	Rendu	Je rends	Je rendis
	Plaire	Plaisant	Plu	Je plais	Je plus
	Paraître	Paraissant	Paru	Je parais	Je parus
	Réduire	Réduisant	Réduit	Je réduis	Je réduisis
	Plaindre	Plaignant	Plaint	Je plains	Je plaignis

DES TEMS DES VERBES.

Les verbes sont divisés en tems *simples* et en tems *composés*. Chaque verbe a onze tems simples qui sont :

Le présent de l'indicatif.	Le présent du subjonctif.
L'imparfait.	L'imparfait, *idem*.
Le passé défini.	Le participe passif présent.
Le futur présent.	Le participe actif, *idem*.
Le conditionnel présent.	L'infinitif.
L'impératif.	

Je nomme ces tems *simples*, parce qu'ils se forment d'eux-mêmes, au lieu que les tems composés empruntent le verbe *avoir* et le participe *passé* du verbe que l'on conjugue :

Il y a dix tems composés.

Le passé indéfini.	Le plus que parfait, *idem*.
Le passé antérieur.	Le passé de l'infinitif.
Le plus que parfait.	Le passé du participe actif.
Le futur passé.	Le passé du participe passif.
Le conditionnel passé.	
Le passé du subjonctif.	

Formation des tems des Verbes.

Du présent de l'indicatif on forme l'impératif, en ôtant seulement le pronom *je;* exemples: *j'aime;* impératif, *aime*.

Excepté quatre verbes: *je suis*, impér. *sois ; j'ai*, impér. *aie ; je vais*, impér. *vas ; je sais*, impér. *sache*.

Du passé défini on forme l'imparfait du subjonctif, en changeant *ai* en *asse*, pour la première conjugaison: *j'aimai*, imparfait du subjonctif *que j'aimasse ;* et en ajoutant seulement *se* pour les trois autres conjugaisons: *je finis*, *que je finisse*, etc.

Du

Du présent de l'infinitif on forme :

1°. Le futur de l'indicatif, en changeant *r* ou *re* en *rai* ; exemples : *aimer*, *j'aimerai* ; *finir*, *je finirai* ; *rendre*, *je rendrai*.

Exceptions.

Première conjugaison. *Aller* ; futur, *j'irai* ; *envoyer*, *j'enverrai*.

Seconde conjugaison. *Tenir* ; futur, *je tiendrai* ; *venir*, *je viendrai* ; *courir*, *je courrai* ; *cueillir*, *je cueillerai* ; *mourir*, *je mourrai* ; *acquérir*, *j'acquerrai*.

Troisième conjugaison. *Recevoir* ; futur, *je recevrai* ; *avoir*, *j'aurai* ; *échoir*, *j'écherrai* ; *pouvoir*, *je pourrai* ; *savoir*, *je saurai* ; *s'asseoir*, *je m'asseyerai* ; *voir*, *je verrai* ; *vouloir*, *je voudrai* ; *valoir*, *je vaudrai* ; *falloir*, *il faudra* ; *pleuvoir*, *il pleuvra*.

Quatrième conjugaison *Faire* ; futur, *je ferai* ; *être*, *je serai*.

2°. Du futur de l'indicatif on forme le conditionnel présent, en ajoutant *s* sans aucune exception ; *j'aimerai* ; conditionnel, *j'aimerais*.

Du participe présent on forme :

3°. L'imparfait de l'indicatif, en changeant *ant* en *ais* : *aimant* ; imparfait, *j'aimais*.

Exception.

Il n'y a que deux exceptions : *ayant*, *j'avais* ; *sachant*, *je savais*.

4°. Du même participe présent on forme la première personne de la plur. du présent de l'indicatif, en changeant *ant* en *ons* : *aimant*, *nous aimons*.

Excepté: *étant, nous sommes; ayant, nous avons; sachant, nous savons.*

On forme aussi la seconde personne de la pluralité en *ez : vous aimez, vous finissez, vous recevez, vous rendez.*

Excepté: *faisant, vous faites; disant, vous dites.*

5°. Du même participe présent on forme le présent du subjonctif, en changeant *ant* en e muet : *aimant, que j'aime.*

Exceptions.

Première conjugaison. *Allant, que j'aille.*

Seconde conjugaison. *Tenant, que je tienne; venant, que je vienne; acquérant, que j'acquière.*

Troisième conjugaison. *Recevant, que je reçoive; pouvant, que je puisse; valant, que je vaille; voulant, que je veuille; mouvant, que je meuve; fallant, qu'il faille.*

Quatrième conjugaison. *Buvant, que je boive; faisant, que je fasse; étant, que je sois.*

Du participe passé, on forme tous les tems composés, en y joignant les tems des verbes auxiliaires *avoir, être*; comme *j'ai aimé, j'avois aimé, j'aurai aimé, que j'eusse aimé*, etc.

Verbes irréguliers.

On nomme *irréguliers* les verbes qui ne suivent pas toujours la règle générale des conjugaisons.

Plusieurs de ces verbes ne sont pas usités à certains tems et à certaines personnes.

L'irrégularité des verbes tombe sur le *présent* de *l'indicatif, le passé défini, le futur de l'indicatif et l'impératif.*

1°. Quand un verbe n'est pas en usage à l'*impératif*, il ne l'est point au *subjonctif.*

2°. Quand il n'a point de *passé défini*, il n'a point d'*imparfait* du *subjonctif.*

3°. Quand il n'a point de *futur*, il n'a point de *conditionnel simple.*

TEMS PRIMITIFS
DES VERBES IRRÉGULIERS.

PRÉSENT de l'Infinitif.	PARTICIPE présent.	PARTICIPE passé.	PRÉSENT de l'indicatif.	PASSÉ de l'indicatif.
PREMIÈRE CONJUGAISON.				
Aller	Allant	Allé	Je vais	J'allai
Puer	Puant	Pué	Je pue	Je puai
SECONDE CONJUGAISON.				
Courir	Courant	Couru	Je cours	Je courus
Cueillir	Cueillant	Cueilli	Je cueille	Je cueillis
Fuir	Fuyant	Fui	Je fuis	Je fuis
Mourir	Mourant	Mort	Je meurs	Je mourus
Faillir	. . .	Failli	. . . .	Je faillis
Acquérir	Acquérant	Acquis	J'acquiers	J'acquis
Saillir	Saillant	Sailli	Il saille	Il saillit
Tressaillir	Tressaillant	Tressailli	Je tressaille	Je tressaillis
Vêtir	Vêtant	Vêtu	Je vêts	Je vêtis
Revêtir	Revêtant	Revêtu	Je revêts	Je revêtis
TROISIÈME CONJUGAISON.				
Choir	. . . . .	. . . .	. . . .	. . . .
Déchoir	. . . . .	Déchu	Je déchois	Je déchus
Echoir	Échéant	Échu	Il échet	J'échus
Falloir	. . . . .	Fallu	Il faut	Il fallut
Mouvoir	Mouvant	Mu	Je meus	Je mus
Pleuvoir	Pleuvant	Plu	Il pleut	Il plut
Pouvoir	Pouvant	Pu	Je puis	Je pus
Savoir	Sachant	Su	Je sais	Je sus
S'asseoir	S'asseyant	Assis	Je m'assieds.	Je m'assis
Surseoir	. . . . .	Sursis	Je surseois	Je sursis
Valoir	Valant	Valu	Je vaux	Je valus
Voir	Voyant	Vu	Je vois	Je vis
Pourvoir	Pourvoyant	Pourvu	Je pourvois	Je pourvus
Vouloir	Voulant	Voulu	Je veux	Je voulus

PRÉSENT de l'infinitif.	PARTICIPE présent.	PARTICIPE passé.	PRÉSENT de l'indicatif.	PASSÉ de l'indicatif.

QUATRIÈME CONJUGAISON.

Battre	Battant	Battu	Je bats	Je battis
Boire	Buvant	Bu	Je bois	Je bus
Braire	. . .	. . .	Il brait	. . .
Bruire	Bruyant	. . .	. . .	. . .
Circoncire	. . .	Circoncis	Je circoncis	Je circoncis
Clorre	. . .	Clos	Je clos	. . .
Conclure	Concluant	Conclu	Je conclus	Je conclus
Confire	. . .	Confit	Je Confis	Je confis
Coudre	Cousant	Cousu	Je couds	Je cousis
Croire	Croyant	Cru	Je crois	Je crus
Dire	Disant	Dit	Je dis	Je dis
Maudire	Maudissant	Maudit	Je maudis	Je maudis
Écrire	Écrivant	Écrit	J'écris	J'écrivis
Exclure	Excluant	Exclus	J'exclus	J'exclus
Faire	Faisant	Fait	Je fais	Je fis
Prendre	Prenant	Pris	Je prends	Je pris
Lire	Lisant	Lu	Je lis	Je lus
Luire	Luisant	Lui	Je luis	. . .
Mettre	Mettant	Mis	Je mets	Je mis
Moudre	Moulant	Moulu	Je mouds	Je moulus
Naître	Naissant	Né	Je nais	Je naquis
Nuire	Nuisant	Nui	Je nuis	Je nuisis
Rire	Riant	Ri	Je ris	Je ris
Rompre	Rompant	Rompu	Je romps	Je rompis
Absoudre	Absolvant	Absous	J'absous	
Résoudre	Résolvant	Résous *ou* résolu	Je résous	Je résolus
Suffire	Suffisant	Suffi	Je suffis	Je suffis
Suivre	Suivant	Suivi	Je suis	Je suivis
Traire	Trayant	Trait	Je trais	. . .
Vaincre	Vainquant	Vaincu	Je vaincs	Je vainquis
Vivre	Vivant	Vécu	Je vis	Je vécus

Nous ne marquons pas les verbes *composés*, parce qu'ils suivent la conjugaison de leurs *simples*: par exemple, les composés *promettre*, *admettre*, etc. se conjuguent comme le verbe simple *mettre*.

Sujet de la phrase ou du verbe.

Le sujet du verbe est la personne ou la chose qui fait l'action, et qu'on peut tourner par *qui est-ce qui*, et le régime est le mot qu'on peut tourner par *qui est ce que*; il est toujours après le verbe, au lieu que le sujet est avant.

EXEMPLE:

La maladie affaiblit l'homme.

La maladie est le sujet de la phrase, parce qu'on peut dire : qui est-ce qui affaiblit? *la maladie*; l'homme est *le régime*, parce qu'on peut dire: qui est-ce que la maladie affaiblit? l'*homme*.

EXPLICATION DES RÉGIMES.

Il y a deux régimes, le régime *simple* ou *direct*, et le régime *composé* ou *indirect*.

Le régime simple est le mot qui est à la suite du verbe, et qu'on peut tourner par *qui* pour les personnes, et par *quoi* pour les choses; qui gouverne l'accusatif, c'est-à-dire, *le*, *la* pour les unités, et *les* pour la pluralité.

EXEMPLE:

J'admire cette beauté.

J'admire *qui?* Réponse : *cette beauté*. Régime *simple* ou *direct*.

Remarque sur le Régime.

Règle. Un nom peut être régi par deux adjectifs, ou par deux verbes à la fois, pourvu que ces adjectifs et ces verbes ne veuillent pas un régime différent.

Cet homme est utile et cher à sa famille.
Cet officier attaqua et prit la ville.

Mais on ne peut pas dire : *cet homme est utile et chéri de sa famille*, parce que l'adjectif *utile* ne peut régir *de sa famille ;* on ne peut pas dire : *cet officier attaqua et se rendit maître de la ville*, parce que le verbe *attaquer* ne peut régir *de la ville.*

Je contemple les astres.

Je contemple *quoi ?* Réponse : les astres. Régime *simple.*

Le régime composé est un mot qu'on peut tourner par *à qui*, *de qui*, *de quoi*, ou *à qui*, *pour qui*, *pour quoi* (1).

EXEMPLE :

J'ai appris cette nouvelle de mon père.

J'ai appris *de qui?* Réponse : *de mon père.* Régime *composé* ou *indirect.*

J'ai rendu service à ce malheureux.

J'ai rendu *à qui?* Réponse : *à ce malheureux.* Régime *composé* ou *indirect.*

J'ai été surpris par mon bienfaiteur.

J'ai été surpris *par qui?* Réponse : *par mon bienfaiteur.* Régime *composé.*

DES PARTICIPES.

Les participes sont des noms adjectifs qui dérivent ou participent des verbes.

---

(1) Je nomme ces régimes *composés*, parce qu'ils sont toujours précédés d'une préposition.

Il y en a de deux sortes : les premiers sont terminés en *ant* et non en *ent* ; ils s'écrivent aux *unités* comme à la *pluralité*, au *masc.* comme au *fém.* ; tels que *regardant*, *lisant*, *aimant*. On dit un homme *regardant*, une femme *regardant* ; des hommes *lisant*, des filles *lisant*. Ce participe se nomme *actif présent*.

Les seconds participes sont terminés comme la première personne du passé indéfini de chaque verbe. Par exemple, les passés indéfinis des verbes *voir*, *prendre*, *faire*, sont : *j'ai vu*, *j'ai pris*, *j'ai fait* ; les participes sont : *vu*, *pris*, *fait*. On voit que ces trois participes ne sont pas écrits tous de même, c'est-à-dire que le premier mot n'a point d'*s* à la fin, le second en a une, et le troisième un *t*. — Il faut faire attention que lorsqu'on conjugue les tems composés d'un verbe, c'est-a-dire ceux qui sont formés du verbe *avoir* et du *participe* du verbe que l'on conjugue, on doit examiner de quelle manière on fera le féminin ; car le féminin se forme toujours du masculin en ajoutant un *e* muet. Ainsi le participe *vu* ne peut recevoir ni *t*, ni *s*, parce qu'on dit simplement une chose *vue*, et non pas *vute*, ni *vuse*, au lieu qu'on dit une chose *faite*, une résolution *prise* ; le masculin a donc pris un *t* dans l'un, et une *s* dans l'autre. C'est la marche à suivre pour savoir écrire *le participe* passé après le verbe *avoir*. On voit aisément que si ce même participe ne peut prendre aucune de ces deux lettres, il suffit d'ajouter un *e* muet pour former le féminin. Si le masculin prend un *e*, on en ajoute un second pour le féminin. On dit masc. *aimé*, fém. *aimée*, masc. *adoré*, fem. *adorée*; masc. *reçu*, fém. *reçue*; masc. *dit*, fém. *dite*; ainsi de suite.

Il y a des cas où *le participe passé* est déclinable ou indéclinable.

Toutes les fois, par exemple, que *le participe* des verbes précède son régime *simple* ou *direct*, il ne se décline pas; au contraire quand il en est précédé, il se décline toujours.

Il faut remarquer qu'il n'y a que les pronoms seuls qui puissent régulièrement précéder le verbe dont il sont le *régime simple*; or, comme je dis que le participe ne se décline pas, à moins qu'il ne soit précédé de *son régime*, il n'y a donc que des pronoms employés comme *régime simple* ou *direct* qui puissent faire décliner le *participe*. Il faut enfin remarquer que de tous les pronoms, il n'y a que *me*, *te*, *se*, *nous*, *vous*, *le*, *la*, *les*, et le *que* relatif qu'on puisse employer comme *régime simple*; il s'agit donc de vérifier ce que je viens de dire par des exemples.

J'ai reçu *votre pétition*.
Les pétitions que *j'ai* reçues.

On peut dire à la pluralité, *nous avons* reçu *votre pétition*; une femme ne peut pas dire: *j'ai* reçue *votre pétition*, parce que le sujet de la phrase *je* n'a aucun droit sur le participe *reçu*.

Lorsque le *participe* est précédé de son *régime simple*, on doit le décliner; c'est-à-dire le faire accorder en genre et en nombre avec son *régime*: or, dans la phrase précédente le *régime* est *que*, qui a pour antécédent le substan tif *pétitions*, qui est au féminin et de la pluralité; *reçues* doit donc être aussi au féminin et de la pluralité.

Un moyen sûr de savoir si le *participe passé* est avant le verbe ou non, est de mettre après ce verbe les mots *qui* ou *quoi*. Si celui qui vient en réponse précède *le participe*, le participe est déclinable; si au contraire *le régime* est après *le participe*, celui-ci est indéclinable.

Il est bon de remarquer aussi que dans une phrase composée d'un *sujet*, d'*un participe passé* et d'un *infinitif*, on doit examiner si le *participe* appartient au *sujet* ou à l'*infinitif*: dans le premier cas, le *participe* appartenant au *sujet* est déclinable; dans le second, appartenant à l'*infinitif*, le *participe* est indéclinable.

Il existe encore un moyen plus simple:

Lorsque dans une phrase il y a un *infinitif* après le *participe passé*, il faut voir si on peut tourner cet *infinitif* par un *participe actif présent*: le *participe passé* devient alors déclinable; si on ne le peut, il est indéclinable.

Exemple des indéclinables avec le verbe avoir.

La romance que j'ai entendu *chanter*.

J'ai entendu *quoi*? Réponse: *chanter*.

Nota. On n'a point entendu la romance puisque c'est un être passif; en conséquence *entendu* se rapporte à l'infinitif *chanter* et non au sujet *romance*. D'ailleurs *chanter* ne peut point se tourner par *chantant*.

La comédie que j'ai vu *jouer*.

J'ai vu *quoi*? Réponse: *jouer*.

Je l'ai vu *peindre.*

J'ai vu *quoi?* Réponse: *peindre*, elle qu'on peignait.

Les vertus que vous avez entendu *louer.*

Entendu *quoi?* Réponse : *louer.*

Une seule difficulté qui se rencontre quelquefois, c'est de découvrir le régime du verbe lorsqu'il n'est pas connu. Comme dans ces mots : *Elles se sont embrassées, elle s'est tuée, elle s'est laissée périr.*

Il faut, pour découvrir ce regime, substituer le tems du verbe *avoir*, correspondant à celui du verbe *être*, faire ensuite la question *qui* ou *quoi;* on trouvera le régime qu'on fera accorder avec le participe.

Dans cet exemple :

Elles se sont embrassées.

Elles ont embrassé *qui?* Réponse : *elles.*

On mettra donc *embrassées* au féminin de la pluralité ; de même dans ceux-ci :

Elle s'est tuée.

Elle s'est laissée périr.

Elle a tué *qui?* Réponse : *elle.*

Elle a laissé périr *qui?* Réponse : *elle.*

Comme le régime précède le *participe*, ce dernier est déclinable.

Si, au contraire, le régime simple ou direct pouvait se former naturellement par un *régime composé;* alors le participe serait indéclinable, comme dans cet exemple :

Ces femmes se sont dicté des lois.

C'est comme s'il y avait *ces femmes ont* dicté *à elles des lois :*

Exemple des indéclinables avec le verbe être.

Ma sœur s'est mis *mille chimères dans l'esprit.*

Les satellites se sont juré *une haine implacable.*

Dans ces exemples les régimes sont *après* le verbe ; les participes sont *indéclinables.*

Exemple des participes déclinables avec le verbe avoir.

La lionne que j'ai entendue *rugir.*

J'ai entendu *quoi?* Réponse : *la lionne rugissant.*

Je l'ai vue *arriver,* (en parlant de ma sœur.)

J'ai vu *qui ?* Réponse : *ma sœur arrivant.*

L'actrice que jai vue *jouer.*

J'ai vu *qui ?* Réponse : *l'actrice jouant.*

La musicienne que j'ai entendue *chanter.*

J'ai entendu *qui?* Réponse : *la musicienne.*

Je l'ai vue *peindre.*

J'ai vu *qui ?* Réponse : *elle qui peignait.*

Exemples des déclinables *avec le verbe* être.

Les chimères qu'elles se sont mises *dans la tête.*

La haine implacable que les satellites se sont jurée.

Les doigts qu'elle s'est coupés.

Les lois que les républicains se sont prescrites.

La résolution que j'ai prise *de vous écrire.*

Les personnes que j'ai vues *se disputer.*

Vu *quoi?* Réponse : *les personnes se disputant.*

Dans ces exemples les régimes sont *avant* le verbe, les participes sont *déclinables.*

REMARQUES.

Le participe *été* du verbe *être* ne se décline jamais.

Les participes précédés d'*ayant* ne se déclinent pas. Quand un verbe *réfléchi* ou *réciproque* a la signification passive, le *participe* se décline.

Ces terres se sont parfaitement bien vendues, c'est-à-dire, *ont été bien* vendues.

Le pronom qui précède le verbe réfléchi est censé *régime simple*, quand il ne peut se tourner naturellement par un *régime composé ;* alors le *participe* se décline.

Ma fille s'est repentie *de sa faute.*

Quand le pronom qui précède le verbe réfléchi peut se tourner par un *régime composé,* le participe est indéclinable.

Ma tante s'est dissimulé *sa faute*, c'est-à-dire, *a dissimulé à elle.*

Quand un verbe neutre suit un participe, le *régime simple* appartient toujours au dernier, parce qu'un verbe neutre n'a jamais de *régime simple.*

En parlant de ma sœur :

Je l'ai vue *arriver, Je l'ai* vue *périr.*

J'ai vu quoi ? *elle arrivant, périssant.*

Le participe passé est indéclinable, lorsque le

verbe avec lequel il fait un sens indivisible est sous-entendu.

Je vous ai porté tous les secours *que j'ai pu*, sous-entendu *vous porter*.

Si le participe et l'auxiliaire *avoir* sont employés impersonnellement, le *participe* est toujours indéclinable.

Les chaleurs excessives qu'il a fait cette année, ont occasionné une sécheresse étonnante.

Les participes passés quoique précédés de leur régime simple sont indéclinables, quand le sujet de la phrase est mis après le verbe.

Vous êtes sans doute content de la grâce que vous a accordé Bonaparte.

Au lieu qu'il faudrait dire en mettant le sujet avant le verbe, *vous êtes sans doute content de la grâce que* Bonaparte *vous a* accordée.

DE L'ADVERBE.

Les adverbes sont des mots indéclinables, c'est-à-dire, qui ne prennent ni genre ni nombre, et qui se mettent à la suite des verbes. Ce sont assez généralement des mots très-expressifs. Les uns servent à abréger le discours, les autres à lui donner plus de force et de grâce. Un adverbe exprime quelquefois en un seul mot, ce que l'on dirait moins bien avec plusieurs, tels que par les monosyllabes, *oui*, *non*, *là*, *où*, *fort*, *plus*, *moins*, *tant*, *si*, *loin*, *très*, qui sont souvent aussi significatifs que les discours les plus longs: *oui* et *non* sont particulièrement de ce genre. Les mots *ici* et *là* représentent ce qui est le plus près de nous, et ce qui est le plus éloigné.

Il y a beaucoup d'adverbes qui dérivent des adjectifs, et se terminent par *ent*, tels que *bonnement*, *prudemment*, *premierement*, *secondement*, *quatrièmement*, *fortement*, *courageusement*, et quantité d'autres de même espèce.

Il y a aussi des adverbes qui sont formés de plusieurs mots, tels que *un jour*, *tout-à-coup*, *à l'instant*.

Exemple dans lequel tous les mots en italique sont *adverbes* :

Des grenouilles vivoient *en paix*,
Barbottant, coassant au gré de leur envie :
Une troupe d'enfans, sur les bords du marais,
Vint troubler cette douce vie.
Çà, dit l'un d'eux, j'imagine entre nous
Un jeu plaisant, une innocente guerre;
Qui lancera *plus* loin la pierre
Sera notre roi ; tope, ils y consentent tous.
Pierres volent *soudain* · chacun veut la victoire.
L'enfant n'est-il pas homme? Il aime aussi la gloire.
Bientôt tout le marais est couvert de caillous,
Et grenouilles pour fuir n'ont pas *assez* de trous.
L'une a dans le moment la jambe fracassée,
L'autre se plaint d'une côte enfoncée ;
Enfin, la plus grave de *la*
Lève la tête, et dit : Messieurs, holà!
De grâce allez *plus* loin contenter votre envie ;
Choisissez-vous un maître à quelque jeu *plus* doux,
Ceci n'est pas un jeu pour nous ;
Vos plaisirs nous coûtent la vie.
Rois, serons-nous *toujours* des grenouilles pour vous?

LE LOUP ET LA CIGOGNE.

Les loups mangent *gloutonnement*.
Un loup *donc* étant de frairie
Se pressa, dit-on, *tellement*
Qu'il en pensa perdre la vie :
Un os lui demeura *bien avant* au gosier ;
De bonheur pour ce loup qui ne pouvoit crier,

Près de *là* passe une cigogne ;
Il lui fait signe, elle accourt :
Voilà l'opératrice *aussitôt* en besogne ;
Elle retire l'os : puis pour un si bon tour,
Elle demande son salaire.
Votre salaire, dit le loup,
Vous riez *sans doute*, commère :
Quoi ! ce n'est pas *encor beaucoup*
D'avoir de mon gosier, retiré votre cou !
Allez, vous êtes une ingrate,
Ne tombez *jamais* sous ma patte.

DES PRÉPOSITIONS.

Les prépositions sont des mots qui sont comme des adverbes même, excepté qu'elles se mettent avant un nom ou pronom qu'elles régissent : elles sont aussi *indéclinables*. Elles servent à lier des mots entr'eux, et à marquer le rapport qui existe de l'un à l'autre, comme aller *à* Paris, revenir *de* Bordeaux, parler *pour* ne rien dire, placer une somme *sur* la ville, partir *avec* quelqu'un, il marche *devant* moi. Les mots *de*, *à*, *par*, *devant*, et *avant* sont des *prépositions* dont il est facile de concevoir l'utilité.

Un moyen sûr de reconnaître si un mot est *préposition*, est de mettre après *qui* ou *quoi* : ainsi, *pour*, *sur*, *avec*, *chez*, *en*, etc. sont des *prépositions*, parce qu'on peut dire *sur* qui, *avec* qui, *chez* qui, *en* qui, ou *en* quoi. La même règle pour toutes les autres.

Exemple dans lequel les mots en italique sont *Prépositions* :

L'IMAGINATION ET LE BONHEUR.

Conte

L'imagination, amante du bonheur,
Sans cesse le desire, et sans cesse l'appelle ;
Mais *sur* elle il exerce une extrême rigueur,
Et fait *pour* ses desirs, il est peu fait *pour* elle.

Dans sa tendre jeunesse elle alla le chercher
Jusque *dans* l'amoureux empire ;
Mais lorsque du bonheur elle crut approcher,
Le soupçon, le jaloux martyre,
La délicatesse encor pire,
Soudain *à* ses transports le vinrent arracher.
Dans un âge plus mûr, du même objet charmée ;
Au palais *de* l'ambition
Elle crut satisfaire encor sa passion ;
Mais elle n'y trouva qu'une ombre, une fumée,
Fantôme du bonheur, et pure illusion.
Enfin, *dans* le pays qu'habite la richesse,
Séjour agréable et charmant,
Elle va demander son fugitif amant :
Elle y vit l'abondance, elle y vit la mollesse,
Avec le plaisir enchanteur ;
Il n'y manquait que le bonheur.
La voilà donc encor qui court et se promène :
Lasse *de* grands chemins, elle trouve *à* l'écart
Un sentier peu battu, qu'on découvrait *à* peine.
Une beauté simple et *sans* art,
Du lieu *presque* désert était la souveraine ;
C'était la piété : là notre amante *en* pleurs
Lui raconte son aventure ;
Il ne tiendra qu'*à* vous *de* finir vos malheurs :
Vous verrez le bonheur, c'est moi qui vous l'assure
Lui dit la fille sainte. Il faut *pour* l'attirer
Demeurer *avec* moi, s'il se peut, *sans* l'attendre,
Sans le chercher, au moins, *sans* trop le desirer :
Il arrive aussitôt qu'on cesse *d'*y prétendre,
Et que *dans* sa recherche, on sait se modérer ;
L'imagination *à* l'avis sut se rendre,
Le bonheur vint *sans* différer.

Que peuvent *contre* Dieu tous les rois *de* la terre?
En vain ils s'uniraient *pour* lui faire la guerre.
Pour dissiper leur ligue il n'a qu'*à* se montrer ;
Il parle, et *dans* la poudre il les fait tous rentrer :
Au seul son *de* sa voix, la mer fuit, le ciel tremble,
Il voit comme un néant tout l'univers ensemble ;
Et les foibles mortels, vains jouets du trépas,
Sont tous *devant* ses yeux, comme s'ils n'étaient pas.

DES CONJONCTIONS.

Les conjonctions sont de petits mots indéclinables, qui servent à joindre ou à lier ensemble les parties du discours, les propositions, etc. tels que *mais*, *et*, *car*, *si*, *puisque*, *parce que*, *lorsque*, *de même que*, etc.

Mon père et *ma mère*. *Je le ferai*, puisque *vous le voulez*.

Exemple où les mots en italique sont *conjonctions* :

Un sentiment si dur me surprend *et* m'afflige :
Remplissez-vous les lois de la religion
Quand votre ame se ferme à la compassion ;
Quand votre piété farouche, atrabilaire,
Prête à Dieu ses levains de haine *et* de colère ;
Quand vous ne goûtez point l'ineffable plaisir
D'aimer le malheureux *et* de le secourir,
Dans les larmes d'autrui d'essuyer vos pleurs mêmes?
Est-ce là ton esprit *et* tes douceurs suprêmes,
Religion *si* pure *et si* chère à mon cœur?
Vous n'avez point aimé, je vous l'ai dit, ma sœur ;
Votre dévotion s'irrite sous la haire :
Si vous eussiez aimé, votre zèle sévère
D'une grâce plus douce eût senti les attraits.
Le Dieu que nous servons est le Dieu des bienfaits ;
C'est sa tendresse hélas, *et* non pas la justice,
C'est l'amour qui pour nous l'a conduit au supplice.

DES INTERJECTIONS.

Les interjections sont des mots qui expriment vivement tous les mouvemens de l'ame, tels que *la joie*, *la douleur*, *la crainte*, *l'admiration*, *l'aversion*, *l'encouragement*.

La joie : *ah! bon! bien!*

La douleur : *ahi! hélas!*

La crainte : *hé! ha!*

L'admiration : *ah! oh!*

L'aversion : *fi! fi donc!*

L'encouragement : *allons, courage!*

Exemple dans lequel les mots en italique sont *interjections :*

Ah! sort épouvantable, et qui me désespère!
O serment! *ô* patrie! *ô* Rome toujours chère!
César. . . . *Ah!* malheureux j'ai trop long-tems vécu.

Remarques sur les Verbes et leur concordance.

Le nominatif, soit nom, soit pronom, se place après le verbe, quand on interroge : exemple : *irai*-je ? *viendras*-tu ? *est*-il *arrivé ?*

Quand le verbe qui précède *il, elle, on,* finit par une voyelle, on ajoute un *t* avant *il, elle, on;* exemple : *appelle*-t-*il? viendra*-t-*elle ? presse*-t-*on* les paresseux ?

L'usage ne permet pas toujours cette manière d'interroger à la première personne : parce que la prononciation en serait rude et désagréable ; on ne dirait pas *cours-je ?* etc. Il faut prendre un autre tour et dire, *est-ce que je cours ?*

Concordance des tems des verbes.

Première régle. Quand le verbe qui précède la conjonction *que* est au présent ou au futur, mettez au présent du subjonctif le verbe suivant.

Il faut. . . . . } *que vous alliez à Rome.*
Il faudra. . . . }

Deuxième Règle. Quand le premier verbe est à l'un des passés et le conditionnel simple, mettez le second verbe à l'imparfait du subjonctif.

Exemples:

Il falloit. . . .
Il fallut. . . .
Il a fallu. . . . } *que vous allasiez à Rome.*
Il eût fallu. . .
Il faudrait. . . .

Après le conditionnel composé on met le plus que parfait du subjonctif.

Il aurait fallu que vous fussiez *allé à Rome.*

De l'Orthographe.

L'orthographe est la manière d'écrire correctement tous les mots d une langue.

Orthographe des noms.

1. La première lettre des noms propres d'hommes, de lieux, de dignité, doit être une lettre capitale, *Bonaparte, Paris, Magistrat.*

2. On écrit avec *mp, compte, compter,* pour signifier *supputer;* avec une *n, conte, conter,* pour signifier *raconter;* avec une *m, comte, comté,* pour signifier *dignité, titre d une terre.*

3. On écrit avec *mp, champ,* pour signifier *terre;* avec *nt, chant,* pour signifier l'action de *chanter.*

4. On écrit aussi *faim,* besoin de manger; et *fin* le terme où finit une chose: *fin* de la vie.

5. On écrit *chœur* pour signifier *assemblée,*

réunion : un *chœur* de musiciens; et *cœur*, pour signifier la partie noble d'un animal : le *cœur* de l'homme, le *cœur* d'un cheval.

Mots en ace *et en* asse.

On écrit par *ce*, *glace*, *besace*, *grimace*, *espace*, *place*, *race*, *grâce*, etc.

Et par *sse*, *terrasse*, *basse*, *grasse*, de même que tous les imparfaits du subjonctif de la première conjugaison : *que j'aimasse*, etc.

Mots en ance *et en* ence.

On écrit par *a* les mots suivans *abondance*, *constance*, *vigilance*, *distance*, etc.

Et par *e*, *prudence*, *conscience*, *absence*, *clémence*, *éloquence*, etc.

Mots en èce *et en* esse.

On écrit *nièce*, *pièce*; et par *sse*, *adresse*, *faiblesse*, *paresse*, etc.

Mots en ice *et en* isse

On écrit par *ce*, *calice*, *office*, *artifice*, *précipice*, etc.

Et par *sse*, *écrevisse*, *réglisse*, *jaunisse*, et tous les imparfaits du subjonctif de la deuxième et de la quatrième conjugaison : *que je finisse*, *que je rendisse*, etc.

Mots en sion, tion, xion, ction.

On écrit par *s*, *appréhension*, *dimension*, *pension*, *convulsion*, *ascension*, *etc.*, et par *t*, *attention*, *condition*, *agitation*, *discrétion*, etc.

Remarque : *t* conserve sa prononciation dans

les noms où il est précédé d'une *s* ou d'un *x* : *question*, *indigestion*, *mixtion*.

On écrit par *x*, *fluxion*, *réflexion*, *complexion*, *génuflexion*, *etc.*; et par *ct*, *action*, *distinction*, *séduction*, *prédilection*, etc.

(Ces observations ne peuvent être réduites en règles générales.)

ORTHOGRAPHE DES VERBES.

Présent de l'indicatif.

Unités. 1. Si la première personne finit par *e* muet, on ajoute *s* à la seconde ; la troisième est semblable à la première. Exemple : *j'aime*, *tu aimes*, *il aime*.

2. Si la première personne finit pas *s*, ou *x*, la seconde est semblable à la première ; la troisième finit ordinairement en *t* : *je finis*, *tu finis*, *il finit*. (Dans quelques verbes la troisième personne se termine en *d* : il *rend*, il *vend*, il *prétend*). (1)

La pluralité, dans toutes les conjugaisons, se termine toujours par *ons*, *ez*, *ent* : *nous aim*ons, *vous aimez*, *ils aim*ent; *nous finis*sons, *vous finiss*ez, *ils finiss*ent, etc.

Imparfait de l'Indicatif.

Il se termine toujours de cette manière : *ais*, *ais*, *ait*, *ions*, *iez*, *ent*.

J'aimais, *tu aimais*, *il aimait*; *nous aimions*, *vous aim*iez, *ils aima*ient.

Passé de l'indicatif.

Le passé *défini* a quatre terminaisons : *ai*, *is*, *us*, *ins* ; de cette manière :

J'aimai, *tu aimas*, *il aima*; *nous aim*âmes,

---

(1) Quelques grammairiens remplacent le *d* par un *t* en le supprimant aussi à la première personne: *Je rens, il rent.*

*vous aim*âtes, *ils aim*èrent.

*Je fin*is, *tu fin*is, *il fin*it; *nous fin*   es, *vous fin*îtes, *ils fin*irent.

*Je reç*us, *tu reç*us, *il reç*ut; *nous reç*ûmes, *vous reç*ûtes, *ils reç*urent.

*Je dev*ins, *tu dev*ins, *il dev*int; *nous dev*înmes, *vous dev*întes, *ils dev*inrent.

Futur de l'Indicatif.

Il se termine toujours ainsi : *rai, ras, ra, rons, rez, ront.*

*J'aim*erai, *tu aim*eras, *il aim*era; *nous aim*erons, *vous aim*erez, *ils aim*eront.

*Je recev*rai, *tu recev*ras, *il recev*ra; *nous recev*rons, *vous recev*rez, *ils recev*ront.

Conditionnel présent.

Il se termine toujours ainsi : *rais, rais, rait, rions, riez, raient.*

*J'aim*erais, *tu aim*erais, *il aim*erait, *nous aim*erions, *vous aim*eriez, *ils aim*eraient.

*Je recev*rais, *tu recev*rais, *il recev*rait; *nous recev*rions, *vous recev*riez, *ils recev*raient.

Présent du subjonctif.

Il se termine toujours ainsi : *e, es, e, ions, iez, ent.*

*Que j'aim*e, *que tu aim*es, *qu'il aim*e, *que nous aim*ions, *que vous aim*iez, *qu'ils aim*ent.

Imparfait du subjonctif.

Il y a quatre terminaisons : *asse, isse, usse, insse;* de cette manière :

*Que j'aim*asse, *que tu aim*asses, *qu'il aim*ât; *que nous aim*assions, *que vous aim*assiez, *qu'ils aim*assent.

*Je fin*isse, *tu fin*isses, *il fin*ît; *nous fin*issions, *vous fin*issiez, *qu'il fin*issent.

*Je reç*usse, *tu reç*usses, *il reç*ût; *nous reç*ussions, *vous reç*ussiez, *ils reç*ussent.

Je devinsse, *tu devinsses*, il *devînt*; *nous devinssions*, *vous devinssiez*, *il devinssent*.

Remarquez que les secondes personnes de la pluralité des verbes, ont ordinairement un *z* à la fin; *vous badinez, vous lirez*, etc.

Noms composés.

Quand un *nom* est composé d'un *adjectif* et d'un *nom*, ils se mettent tous deux à la pluralité: *Un arc-boutant, des arcs-boutans.*

Quand il est composé de deux *noms* unis par une préposition, il n'y a que le premier qui se met à la pluralité: *Un arc-en-ciel, des arcs-en ciel; un cul-de-basse-fosse, des culs-de-basse fosse; une chef-d'œuvre, des chefs-d'œuvre.*

Quand il est composé d'une *préposition*, ou d'un *verbe* ou d'un *nom*, on met seul le *nom* à la pluralité; *un entre-sol, des entre-sols; un abat-vent, des abat-vents.*

De l'Apostrophe.

L'apostrophe (') marque le retranchement d'une de ces trois lettres : *a*, *e*, *i*.

a, *e*, suivis d'une voyelle ou d'une *h* muette, se retranchent dans *le*, *la*, *je*, *me*, *te*, *se de*, *ne*, *que*, *ce*.

Je l'aime, *il m'étonnera*, *il s'épouvante*, etc.

Du trait d'union.

Le *trait d'union* (-) se met entre les verbes, et *je*, *me*, *moi*, *toi*, *tu*, *nous*, *vous*, *ils*, *elle*, *elles*, *le*, *la*, *les*, *lui*, *leur*, *y*, *en*, *ce*, *on*, quand ces mots sont placés après le verbe.

Irai-je? Iras-tu? Viendra-t-il? etc.

On place encore le trait d'union entre deux

Le

mots tellement joints ensemble, qu'ils n'en font plus qu'un; *chef-d'œuvre ; arc-en-ciel*, etc.

On met encore le trait d'union à la fin d'une ligne, lorsque le mot n'est pas fini.

Du Tréma.

On nomme *tréma*, deux points (¨) placés sur les voyelles *i*, *e*, *u*, quand ces lettres doivent être prononcées séparément de la voyelle qui précède, comme dans *aiguë* ; pour empêcher qu'on ne prononce *gue* comme dans le mot *fatigue*.

De la Cédille.

La *cédille* (ç) est une petite figure en forme de virgule, qu'on met sous le *c*, devant *a*, *o*, *u*, pour avertir qu'il doit avoir le son de l'*s*, comme dans *façon*.

De la Parenthèse.

On nomme *parenthèse* deux crochets () dans lesquels on renferme quelques mots détachés.

Pratiquez la vertu (dit le sage), *si vous voulez être heureux*.

De la Ponctuation.

Il y a six marques pour indiquer en écrivant, les endroits du discours où l'on doit s'arrêter.

1. La virgule (,) qui se met après les noms, les adjectifs, les verbes qui se suivent.

La charité est douce, patiente, bienveillante.

La virgule sert encore à distinguer les différentes parties d'une phrase.

L'étude rend savant, la réflexion rend sage.

2. Le point avec la virgule (;) se met entre deux phrases dont l'une dépend de l'autre.

La douceur est, à la vérité, une vertu ; mais elle ne doit pas dégénérer en faiblesse.

3. Les deux points (:) se mettent entre deux membres d'une phrase, dont le premier est tellement indépendant du second, qu'il peut subsister sans celui-ci, qui n'en est, pour ainsi dire qu'une extension, une confirmation, un éclaircissement.

Une seule défaite suffit souvent pour enlever à un héros toute sa gloire : tant il est vrai que le vulgaire juge presque toujours les hommes par les événemens !

4. Le point (.) se met à la fin des phrases, quand le sens est entièrement fini.

Le mensonge est le plus bas de tous les vices.

5. Le point interrogatif (?) se met à la fin des phrases qui expriment une interrogation.

Quoi de plus beau que la vertu?

6. Le point d'admiration (!) se met après les phrases qui expriment l'admiration.

Qu'il est doux de mourir pour sa patrie !

DE LA SYNTAXE.

Le mot Syntaxe vient du grec, et signifie *arrangement;* ainsi la Syntaxe française indique l'arrangement des parties du discours qui composent une phrase, leur accord et leur usage.

La phrase est une suite de mots qui forment un sens.

EXEMPLE.

Les écoliers studieux sont aimés de leurs maîtres ; les enfans paresseux sont méprisés de tout le monde.

De la période.

On appelle période une portion d'un discours arrangée dans un certain ordre, et composée de plusieurs membres qui, pris ensemble, renferment un sens complet.

EXEMPLE:

« Quand Dieu laisse sortir du puits de
» l'abyme la fumée qui obscurcit le soleil,
» selon l'expression de l'apocalypse, c'est-à-
» dire l'erreur et l'hérésie; quand pour punir les
» scandales, ou pour réveiller les peuples et les
» pasteurs, il permet à l'esprit de séduction de
» tromper les ames hautaines, et de répandre
» partout un chagrin superbe, une indocile cu-
» riosité et un esprit de révolte, il détermine
» dans sa sagesse profonde les limites qu'il veut
» donner aux malheureux progrès de l'erreur et
» aux souffrances de son Église. »

BOSSUET.

De la formation des phrases.

Pour former une phrase, il faut d'abord mettre le *sujet* et ce qui en dépend, tel que ses *qualités* et autres, ensuite le *verbe*, l'*adverbe* et le *régime* simple.

EXEMPLE.

La fille sage et modeste est toujours bien vue. Les maîtres qui ont formé de bons élèves, sont le plus souvent préférés aux autres.

Si le régime est un pronom, il doit précéder le verbe, excepté lorsqu'il est à l'impératif, et qu'il n'est pas accompagné d'une négation.

EXEMPLE.

L'esprit doit aider le jugement, et non le suppléer.

Il est nécessaire que la douceur dispose les entreprises, et que la force les exécute.

Quand on interroge, le sujet se met après le verbe.

EXEMPLE.

Que sont donc devenus CES HOMMES *qui se disaient la terreur du genre humain?*

Lorsque dans une phrase interrogative le pronom est après le verbe, le sujet se met avant.

EXEMPLE.

LE MÉCHANT *croit-il se faire aimer?*

Observations.

Le collectif seul ou suivi d'une pluralité, exige que le verbe soit à la pluralité.

EXEMPLE.

La plupart des hommes courent à leur perte.

Un certain nombre de personnes furent tuées.

Il faut distinguer le collectif général et le collectif particulier. Le premier indique plusieurs personnes ou plusieurs choses comme ne formant qu'un tout, tel qu'une *armée*, une *forêt;* le second réunit les idées de plusieurs personnes ou de plusieurs choses, comme faisant partie d'un tout, tel que *la plupart, plusieurs*, etc. La distinction de ces deux collectifs est d'autant plus nécessaire, que le premier exige que le verbe qui s'accorde avec lui soit aux unités, et que le second demande que ce verbe soit à la pluralité.

EXEMPLE.

L'armée se battit; un grand nombre de personnes se battirent.

Les adverbes de quantité demandent la pluralité, quand il s'agit de choses qui se comptent

EXEMPLE.

Il a BEAUCOUP *de choses à apprendre.*

Le méchant n'a GUÈRE *d'amis, parce qu'il y a* PEU *d'hommes qui lui ressemblent.*

Quand l'adjectif est précédé de plusieurs substantifs de différens genres, on le met à la pluralité et du masculin.

EXEMPLE.

Les hommes, les femmes, les garçons, les filles de cette ville sont tous très-petits.

PHRASES où sont employés tous les mots dont nous avons parlé, avec la décomposition générale.

1°. *Le petit ouvrage que je vous donne, est celui que vous m'avez demandé.*

2°. *Cette histoire est belle.*

3°. *Mon bien est vendu.*

4°. *Votre frère est plus instruit que vous.*

5°. *Je pense que vous aimez bien à chanter.*

6°. *Je chanterais si vous vouliez.*

7°. *Souffler n'est pas jouer.*

8°. *Je dînais comme vous déjeûniez.*

9°. *Je le rencontrai hier.*

10°. *J'ai déjeûné ce matin.*

11°. *Dès que j'eus dîné, je fus me promener.*

12°. *J'avais soupé quand il entra.*

13°. *Je vous rendrai réponse demain, mais je vous assure que j'aurai fini votre affaire lorsque vous irez à Versailles.*

14°. *Je l'aurais récompensé volontiers.*

15°. *Porte ce billet à ton père.*

Ier. EXEMPLE.

Le	est un *article* de l'unité et du masculin ; il désigne le genre et le nombre du mot *ouvrage*.
petit	est un *adjectif* de l'unité et du masculin.
ouvrage	est un *substantif* de l'unité et du masculin ; il est *substantif*, parce qu'il marque un objet, une substance réelle ; il est physique, parce qu'il tombe sous nos sens ; il est de l'unité et du masculin, parce que l'article qui est avant désigne que le *substantif* et l'*adjectif* doivent être de l'unité et du masculin.
que	est un *pronom relatif*, parce qu'on peut dire *lequel*, et qu'il a rapport au mot *ouvrage*.
je	est un *pronom personnel*, première personne de l'unité, parce qu'il désigne la personne qui fait l'action ; de l'unité, parce qu'il n'y a qu'une seule personne.
vous	est un *pronom conjonctif*, parce qu'il est joint au verbe, et que, quand il y a deux pronoms de suite, le premier est personnel,

et le second conjonctif: c'est comme s'il y avait *je donne à vous ;* il est ici régime composé.

donne est à la *première personne* des unités du présent de l'indicatif du verbe actif *donner*, première conjugaison ; *présent*, veut dire une chose qui se fait actuellement.

est est à la *troisième personne* des unités du présent de l'indicatif du verbe auxiliaire *être*, marquant l'existence ; il est à la troisième personne, parce que toutes les fois qu'il y a un substantif avant un verbe, ce même verbe ne peut être qu'à la troisième personne des unités ou de la pluralité, suivant le nombre du substantif. (Règle générale.)

celui est un pronom *démonstratif* et *relatif* de l'unité et du masculin, ayant rapport au mot *ouvrage*.

que est un *pronom relatif*, parce qu'on peut le tourner par lequel.

vous est un *pronom personnel*, deuxième personne de la pluralité, parce que ce sont les personnes à qui l'on parle et qu'on ne peut le placer après le verbe.

m'avez c'est comme s'il y avait *me avez*, ou vous avez *demandé à moi.*

me est un pronom conjonctif.

avez demandé. *Deuxième personne* de la pluralité du passé indéfini du verbe *demander*, actif, première conjugaison. *Le passé indéfini* désigne qu'une action a été faite dans un tems qui est tout récemment écoulé.

IIe. EXEMPLE.

Cette est un *pronom démonstratif* de l'unité et du féminin, qui désigne le genre et le nombre du mot *histoire*.

histoire est un *substantif* idéal ou spirituel, parce qu'on ne peut que s'en faire une idée; il est de l'unité et du féminin.

est *troisième personne* des unités du présent de l'indicatif du verbe auxiliaire *être*; des unités, parce que le substantif est de l'unité.

belle. *qualificatif* de l'unité et du féminin, désignant la qualité de l'*histoire* des mêmes genre et nombre, parce qu'il faut que le *qualificatif* ou l'adjectif s'accorde en genre et en nombre avec son substantif, comme je l'ai déjà dit.

IIIe. EXEMPLE.

Mon est un *pronom possessif* de l'unité et du masculin, désignant la possession de la personne qui parle.

bien *substantif* masculin et de l'unité.

est *troisième personne* des unités du présent de l'indicatif du verbe auxiliaire *être*, marquant l'existence.

vendu. *adjectif* masculin et de l'unité, se rapportant au mot *bien.*

IVe. EXEMPLE.

Votre est un *pronom possessif* masculin de l'unité.

frère *substantif* masculin de l'unité.

est *troisième personne* des unités du présent de l'indicatif du verbe auxiliaire *être.*

plus est un *degré de comparaison* qui désigne le comparatif de supériorité.

instruit	*qualificatif* masculin et de l'unité, se rapportant au substantif *frère*.
que	*pronom conjonctif.*
vous.	*pronom personnel.*

Ve. EXEMPLE.

Je	est un *pronom personnel* première personne de l'unité.
pense	*première personne* des unités du présent de l'indicatif du verbe *penser*, première conjugaison en *er*.
que	est un *pronom conjonctif*, parce qu'on ne peut pas le tourner par lequel, puisqu'il n'a rapport à aucun substantif.
vous	est un *pronom personnel* de la pluralité, deuxième personne.
aimez	*deuxième personne* de la pluralité du présent de l'indicatif du verbe actif *aimer*, première conjugaison en *er*.
bien	est un *adverbe*, comme s'il y avait *beaucoup*.
à	est une *préposition*, parce qu'il est avant un infinitif, et qu'on peut dire *à qui* ou *à quoi*.
chanter.	*infinitif* du verbe chanter. L'in-

finitif est ce qui annonce simplement un verbe, sans nombre ni personne.

VIe. EXEMPLE.

Je est un *pronom personnel*, première personne de l'unité.

chanterais *première personne* des unités du conditionnel simple du verbe actif *chanter*, première conjugaison en *er*. *Le conditionnel* marque qu'une chose se ferait, si telle ou telle chose se faisait aussi.

si est une *conjonction* servant à joindre ensemble *je chanterais* avec *vous vouliez*.

vous *pronom personnel*, deuxième personne de la pluralité.

vouliez. *deuxième personne* de la pluralité de l'imparfait de l'indicatif du verbe *vouloir*, troisième conjugaison en *oir*, verbe actif. *L'imparfait* représente ordinairement qu'une chose se faisait, tandis qu'une autre chose se faisait aussi.

VIIe. EXEMPLE.

Souffler *infinitif* du verbe souffler, première conjugaison en *er*, verbe actif.

n' ou *ne* — *particule négative.*

est — *troisième personne* des unités du présent de l'indicatif du verbe auxiliaire *être*, marquant l'existence.

pas — *particule* adverbiale.

jouer. — *infinitif* du verbe jouer, première conjugaison en *er*, verbe actif.

VIIIe. EXEMPLE.

Je — *pronom personnel*, première personne de l'unité.

dinais — *première personne* des unités de l'imparfait de l'indicatif du verbe neutre *diner*, première conjugaison en *er*.

comme — *conjonction.*

vous — *pronom personnel* de la pluralité, deuxième personne.

déjeûniez. — *deuxième persome* de la pluralité de l'imparfait de l'indicatif du verbe neutre *déjeûner*, première conjugaison en *er*.

IXe. EXEMPLE.

Je — *pronom personnel*, première personne de l'unité.

le — *pronom relatif.*

rencontrai *première personne* des unités du passé défini du verbe actif *rencontrer*, première conjugaison en *er*.

Le *passé défini* représente qu'une action a été faite dans un tems dont il ne reste plus aucun vestige.

hier. *adverbe* de tems.

Xe. EXEMPLE.

J' *pronom personnel*, première personne de l'unité, sujet de la phrase.

j'ai déjeûné *première personne* des unités du passé indéfini du verbe neutre *déjeûner*, première conjugaison en *er*.

ce matin. *adverbe* ou bien *ce*, *pronom démonstratif* de l'unité, masculin; *matin*, *substantif* masculin, de l'unité.

XIe. EXEMPLE.

Dès que *conjonction.*

j'eus dîné, *première personne* des unités du passé antérieur du verbe neutre *dîner*, première conjugaison en *er*.

j'allai *première personne* des unités du passé défini du verbe neutre

	aller, première conjugaison en *er*.
me	*pronom conjonctif.*
promener.	*infinitif*, première conjugaison, verbe actif.

XIIe. EXEMPLE.

J'avois soupé	*première personne* des unités du plus que parfait du verbe neutre *souper*, première conjugaison en *er*.
quand	*conjonction.*
il entra.	*troisième personne* des unités du passé défini du verbe *entrer*, première conjugaison.

XIIIe. EXEMPLE.

Je	*pronom personnel*, première personne de l'unité, sujet de la phrase.
vous	*pronom conjonctif*, régime composé ou indirect.
rendrai	*première personne* des unités du futur simple du verbe *rendre*, quatrième conjugaison en *dre*. Le *futur* représente une chose qui se fera.
réponse	substantif féminin de l'unité.
demain,	*adverbe* de tems.

mais	*conjonction.*
je	*pronom personnel*, première personne de l'unité.
vous	*pronom conjonctif.*
assure	*première personne* des unités du présent de l'indicatif du verbe actif *assurer*, première conjugaison.
que	*pronom conjonctif* parce quon ne peut le tourner par *lequel*, et qu'il est à la suite d'un verbe.
j'aurai fini	*première personne* des unités du futur composé du verbe *finir*, deuxième conjugaison en *ir*.
votre	*pronom possessif* féminin, de l'unité.
affaire	*substantif* féminin de l'unité.
lorsque	*conjonction.*
vous irez	*deuxième personne* de la pluralité du futur simple du verbe neutre *aller*, première conjugaison en *er*.
à	*préposition.*
Versailles.	nom pro pre de ville.

XIVe. EXEMPLE.

Je l'aurais récompensé	*première personne* des unités

	du conditionnel composé du verbe actif *récompenser*, première conjugaison en *er*.
volontiers.	*adverbe.*

XVe. EXEMPLE.

Porte	*seconde personne* des unités de l'impératif du verbe actif *porter*, première conjugaison en *er*. *L'impératif* signifie l'action de commander, et n'a jamais de première personne.
ce	*pronom démonstratif* masculin de l'unité.
billet	*substantif* masculin de l'unité.
à	*préposition.*
ton	*pronom possessif* masculin de l'unité, deuxième personne.
père.	*substantif* masculin de l'unité.

Des Homonymes et autres mots.

On entend par *homonymes*, des mots pareils qui expriment des choses différentes : ils sont quelquefois distingués par des accens.

Là, la.

Là, prend l'accent grave, lorsqu'il est adverbe de lieu, et lorsqu'il est joint à un substantif, ou à un pronom démonstratif.

Si au contraire il est article ou pronom relatif, il n'en prend pas.

Allez là, *cette femme*-là, *celui*-là.

La *bonté*, la *beauté*, *je* la *verrai*.

Dû, du.

Dû, étant participe passé du verbe devoir, prend l'accent *circonflexe* à l'unité et au masculin, ce qui le distingue de *du* article.

Le bien qui lui est dû.

Je lui veux du *bien*.

Où, ou.

Où, étant adverbe de lieu ou équivalant à un pronom relatif, prend un accent *grave*; si au contraire il est conjonction, il n'en prend point.

Où *allez-vous? le chemin* où *vous me conduisez*; c'est-à-dire, *dans* lequel.

Ou *j'irai*, ou *je n'irai pas*.

Quand, quant.

Quand pouvant se tourner par *lorsque*, prend un *d*. *Quant* suivi de la préposition *à* prend un *t*.

Quand *j'irai*, quant *à lui*, etc.

Sûr, sur.

Sûr, prend l'accent circonflexe quand il signifie *certain, assuré*.... il n'en prend point quand il est *préposition*.

Je suis sûr *de ce qu'on dit* sur *votre compte* et sur *le mien*.

Quelque, quelques.

Quelque, suivi d'un *qualificatif*, ou d'un *que*

conjonctif est indéclinable, c'est-à-dire, qu'il ne prend ni genre ni nombre.

Quelque, est au contraire déclinable, suivi d'un *substantif* de la pluralité, d'un *qualificatif*, et d'un *que* relatif.

Quelque *instruits que soient les enfans.*

Quelques *honnêtes gens l'assurent.*

Tout, tous.

Tout, est indéclinable, lorsqu'il signifie *entièrement*, *quelque*, avant un qualificatif masculin de la pluralité.

Ces exemples tout *bons qu'ils sont.*

J'ai vu vos parens tout *tristes.*

Tout est déclinable quand il est pris collectivement.

Vous fûtes tous *hier au spectacle.*

Vous vous disputez tous *mal-à-propos.*

Cent, cents.

Quatre-vingt et *cent*, suivis d'un *substantif* de la pluralité, prennent une *s*; mais s'ils sont suivis d'un autre *nom numérique*, ils n'en prennent point.

Quatre-vingts *personnes sont mortes.*

Trois cents *écoliers ont remporté le prix.*

Quatre-vingt-dix-neuf *fantassins.*

Huit cent dix-huit mille *ames.*

Mil, mille, milles.

On écrit *mil* pour la date des années, *mille*

dans tous les autres cas, et *milles* avec une *s*, pour marquer les distances.

L'an mil *quatre cents, j'ai envoyé* mille *bouteilles à vingt* milles *de Londres.*

Demi, demie.

Lorsque *demi* est suivi d'un substantif féminin, il ne prend point d'*e*, mais une division ou trait d'union.... s'il est placé après le substantif, il en prend le genre.

Dans une demi-*heure, je vous donnerai une pièce et* demie *de toile.*

Mes, mais.

Mes, est à la pluralité des pronoms possessifs, et *mais* est une conjonction.

Mes *amis m'ont invité à dîner;* mais *je ne puis y aller.*

Dont, donc.

Dont est un pronom relatif, parce qu'on peut le tourner par *duquel, de laquelle*, ou *desquels;* et *donc* est conjonction.

L'homme dont *vous me parlez ira* donc *à Rome.*

Des, dès.

Des, sans accent, est article; *dès*, avec un accent grave, est préposition.

Dès *ce soir, vous aurez* des *fruits* des *jardins de mon père.*

Le.

Le mot *le* tenant la place d'un *adjectif*, est toujours indéclinable; mais avant un substantif, il en prend le genre.

D. Madame est-elle malade?

R. Oui, Monsieur, je le suis, et non pas *je la suis;* c'est-à-dire, je suis *le* malade.

Pour, afin de.

Pour marque la chose qu'on veut faire.

Afin de, le but qu'on se propose en la faisant.

J'ai beaucoup travaillé pour *faire mon rudiment*, afin *de mériter la confiance du public.*

Air.

Air, demande le *qualificatif* au masculin, quand il désigne l'extérieur d'une personne; mais s'il a rapport aux choses, le *qualificatif* qui le suit prend le genre du substantif qui précède.

*Cette demoiselle a l'*air *honnête et bien doux.*

*Cette bécasse a l'*air *grasse et bien fine.*

C'est eux, c'est elles. (Faux.)

C'est une faute très-grossière de dire *c'est eux, c'est elles;* on doit dire *ce sont eux, ce sont elles,* parce que le verbe doit être du même nombre que le pronom *eux*, qui est à la pluralité.

Imposer et *en imposer.*

Imposer, signifie commander le respect, l'attention.

Cet homme impose *par sa prestance.*

En imposer, signifie mentir, tromper, abuser.

*Vous m'*en imposez, c'est-à-dire, *vous me trompez.*

Saigner au nez, ou *du nez.*

Saigner au nez, si le sang coule.

Saigner du nez, si l'on manque à sa parole.

En campagne, à la campagne.

L'armée entre *en campagne;* je vais *à la campagne.*

Plier, Ployer.

Plier une nappe, sa serviette.

Faire *ployer* un morceau de fer; en un mot, tout ce qui se fait avec force.

Demander excuse. (faux.)

On *demande* pardon.

On *fait* des excuses.

Avant, auparavant.

Avant, est toujours suivi d'un régime simple

Avant lui, *avant* vous.

Auparavant termine la phrase.

Il viendra *auparavant.*

Soi, lui, elle

Soi, quand on parle des choses ou des personnes en général.

Lui et *elle,* quand on parle de quelqu'un en particulier.

On parle toujours avantageusement de soi.

*Cette femme parle toujours d'*elle.

Eviter la peine. (faux.)

On *évite* un danger.

On *épargne* la peine.

Observer à quelqu'un. (faux.)

On *observe* quelqu'un, *ou* quelque chose.

On fait *observer* à quelqu'un.

Imiter l'exemple de quelqu'un. (faux.)

On *imite* une exemple de maître d'écriture.

On *suit* l'exemple de quelqu'un.

Je suis sorti, j'ai sorti ce matin.

Je suis sorti, c'est-à-dire, *je suis dehors.*

J'ai sorti ce matin, je suis rentré.

Remarque sur les mots y, là, où, en.

Il y a quatre sorte de petits mots, qui sont *y, là, ou, en,* nommés particules *relatives,* comme ayant rapport au lieu *où on est* ou *à celui où on sera*, qui se sous-entend, et qu'on n'exprime point : ainsi, si on veut dire qu'un homme est ou sera en un lieu, on dit, *il y est, ou il y sera ; il restera là, il viendra là ;* ou en s'informant du lieu où il est, ou de sa demeure, on dit : *où est-il ? où ira-t-il ?*

On emploie l'*y*, au lieu de l'*i*, pour l'expression de la première de ces particules : ainsi on dit, *il y est allé*, *il s'y rendra*, c'est-à-dire, *il est allé là*, *il se rendra là.*

On emploie le mot *en* pour exprimer une chose dont on a parlé ; si je dis on *en* parle, c'est-à-dire on parle de cela.

Le mot *en* peut aussi exprimer le lieu ; car, si je dis *il* en *vient*, *il* en *sort*, c'est-à-dire, *il vient de cet endroit, il sort de ce lieu.*

FIN.

De l'imprimerie de LE NORMANT, rue des Prêtres Saint Germain-l'Auxerrois, n°. 42.

www.ingramcontent.com/pod-product-compliance
Ingram Content Group UK Ltd.
Pitfield, Milton Keynes, MK11 3LW, UK
UKHW031928260826
14628UKWH00003B/1477

9 782013 553445